JN409796

현장 실천 사례를 중심으로 한

# 공장관리이야기

명일환, 박영현 공저

무한 경쟁 사회에서 본인의 능력을 최대한 발휘하고
생산현장에서 능동적으로 일하기를 원하는 분들이
꼭 알아야하는 공장관리 기본 사상들의
현장 실천 지침서

민 영 사

# 머리말

필자들은 지난 20여 년을 산업체에서 혹은 학교에서, 공장에서의 개선분야에 깊은 관심을 가져 왔습니다. 그동안 제조활동에 대한 많은 경험을 통해 현장에 대한 눈도 뜨이게 되었고 공장관리에 대한 나름대로의 견해도 생기게 되었습니다. 그런 가운데, 평소에 느껴오던 점이기는 합니다만, 우리 나라 중소기업체의 현장관리 수준이 경쟁국(특히, 일본)에 비해 매우 열세에 놓여있다는 점에 아쉬움을 가지게 되었습니다. 어떤 통계에 의하면, 일본의 수준을 100으로 보았을 때 우리 나라의 제조기술은 80 정도의 수준에 도달해 있으나, 관리기술은 겨우 60 정도의 수준에 머물고 있다고 합니다. 물론, 그 중에는 현장관리를 훌륭하게 하고 있는 업체도 있습니다만, 그러한 훌륭한 공장관리 Know-How를 갖고 있는 업체와 그렇지 못한 업체들 간에 고루 공유가 되어 있지 못한 것이 현실입니다.

관리도 기술입니다. 관리란 것을 적당히 해서는 생산현장의 효과와 효율을 극대화 시킬 수가 없는 것입니다. 오늘날 세계의 시장은 점점 좁아져 가고 있고 시장가격도 이미 전세계가 공통된 가격수준을 형성해 가고 있습니다. 원자재 또한 특별히 싼 가격으로 구입해 올 수 없습니다. 거기에다 인건비도 이미 상당 수준까지 올라가 있습니다. 이러한 상황에서 우리의 제품이 경쟁력있는 품질과 가격을 유지하기 위해서는 생산현장의 군살을 최대한 빼내어

# 머리말

Slim화 해야 하고, 이를 바탕으로 최고의 생산효율을 발휘해야 합니다. 이를 위해서 고도의 관리기술이 필요한 것입니다.

이러한 관리기술을 보유하기 위해서는, 현장을 이끌어 나가는 관리자들이 먼저 확고한 현장관리철학을 지니고 있지 않으면 안됩니다. 흔히 한 두 번쯤 경험해 보셨으리라고 생각됩니다만, 몇 가지 새로운 관리기법을 습득한 후 현장에 적용해 보면 얼마 못가서 중단되는 경우가 많습니다. 이는 일관된 사상이 바탕에 깔려 있지 않아, 관리기법 자체의 모순에 빠져서 오히려 현장에 혼란만 주기 때문입니다.

이 책에서는 관리기법보다는, 현장관리의 철학이 확고하게 정립되도록 하기 위하여, 현장관리자로서 지니고 있어야 할 기본적이고 필수적인 사상들을 모아 가능한 쉽게 해설해 보았습니다. 생산현장의 관리자들에게 정말로 중요한 것은 '고난도의 새로운 관리기법을 얼마나 많이 알고 있는가'보다는 '관리의 기본 개념을 확실히 이해하고 있고, 그대로 철저히 지키고 있는가'라고 생각됩니다. 기법의 개발과 활용은 그 후에 할 일인 것입니다.

이 책의 내용들이 생산현장에서 불철주야 애쓰시는 여러 관리자들에게 얼마나 도움이 될지는 모르겠으나, 다소나마 생각의 정리에 도움이 되기를 바랍니다.

# 머리말

또 한 가지, 이 책의 내용이 후배들에게 하나의 공장근무의 지침이 되었으면 합니다. 학교를 졸업하고 준비없이 사회에 배출된 신입사원들은, 체계적인 관리기술에 대한 개념과 지식이 거의 없어서, 입사 후 혼란과 갈등을 많이 겪고 있는 것 또한 우리의 현실입니다. 이 책이 그들에게도 다소나마 길잡이 역할을 할 수 있기를 바랍니다.

이러한 글을 쓸 수 있는 경험의 장을 제공해 주었던 현대자동차, 만도기계, 삼성자동차, Nissan자동차, 대우자동차와, 책이 출판되기까지 지원해주신 민영사 김정식 사장님, 많은 시간과 노력을 아낌없이 할애해 주신 권혜진 대리님께 감사드립니다.

그리고 필자들에게 깨달음을 주셨던 모든 분들게 이 기회를 빌어 감사드립니다.

1999년 4월

필자 일동

# 차 례

# 차 례

# 차 례

# 제1장

# 공장관리란 무엇인가

**Q** 1. 공장관리의 궁극적인 목표는 무엇입니까?

**A** 1. 그것은, 두말할 필요도 없이, 효율적인 생산입니다. 주어진 목표수량의 제품을 만들어 내는 것입니다. 그러나 이 때 반드시 '품질(Quality)', '원가(Cost)' 및 '납기(Delivery)'를 동시에 지키면서 만들어야 합니다. 그래서, 이 세 가지 요소를 우리는 흔히 QCD라고 약칭합니다.

**Q** 2. 왜 QCD가 지켜져야 하는 것입니까?

**A** 2. 예, 그 이유를 각 항목별로 짚어 보겠습니다.

(1) Q는 품질입니다. 지금과 같은 경쟁에 기업이 살아남기 위해서는 고품질의 제품을 제공하는 것이 무엇보다도 중요합니다. 또한 불량품을 만들게 되면 상품으로 팔 수 없게 되므로, 만드는 데 투입된 재료비, 인건비, 관리비용, 감가비, 전기료 등이 낭비됩니다. 보통, 자동차 제조업체의 이익율이 1% 정도인 것을 감안한다면, 1% 정도의 불량률이 지니는 의미가 적지 않다는 것을 알 것입니다.

(2) C는 원가입니다. 우리가 양질의 물건을 만들어서 잘 팔 수 있다 하더라도 만드는 비용이 판매하는 금액보다 더 많이 든다면 팔면 팔수록 적자가 나게 되어 그 공장은 얼마 안가서 문을 닫는 사태가 발생하게 되겠지요.

(3) D는 납기 또는 timing입니다. 아무리 품질과 원가를 맞춘 훌륭한 제품을 만들어 낸다 하더라도 수요처에서 필요로 하는 시점에, 또는 경쟁상품이 시장에 등장하기 전에, 만들지 못한다면, 매출에 큰 타격을 입거나 수요처에 납기지연에 따른 배상을 될 것입니다.

Q 3. 그렇다면, QCD를 모두 만족시키면서 물건을 만들려면 어떻게 해야 합니까?

A 3. 여러 가지 방안이 있겠지만, 핵심은 5M을 잘 유지해 나가는 것입니다. 5M이란 사람(Man), 재료(Material), 설비(Machine), 방법(Method), 그리고 측정(Measurement)으로 이 요소들이 QCD에 큰 영향을 끼치는 인자들입니다. 이 다섯 가지 요소는 생산활동중에 항상 변화하고, 따라서 이 변화가 일정한 범위를 벗어나지 않도록 잘 관리해 나가는 것이 중요합니다.

Q 4. 5M 중 사람(Man)에 있어서는 어떤 점을 중점적으로 관리해야 합니까?

A 4. 사람에 있어서 가장 중요한 점은 '사람은 심리상태에 따라 행동이 변한다.'는 것을 인식하는 것입니다. 이러한 사람의 특성을 생산현장에 대응시켜 관찰하여 보면, 작업자의 기분에 따라 작업 능률이 올라가기도 하고 또 반대로 실수를 하

기도 합니다. 따라서 심리상태가 안정되도록 근무환경을 만들어 주는 것이 필수적인 것입니다. 이것은 생산을 담당하고 있는 부서만의 일이 아니고 인사부서, 경리부서 등 생산지원부서까지 전부 함께 노력하지 않으면 안됩니다. 이러한 것이 잘 이루어진 다음에는, 작업자들들의 회사 밖 생활에도 관심을 기울여야 합니다. 직원 개개인의 가정 내에 불안한 요소가 있다면, 그러한 불안 요소가 회사 근무에도 많은 영향을 미치게 됩니다. 이렇게 말하면, 여러분들은 '어떻게 개인의 사생활까지 회사가 관리를 하느냐?'하고 처음부터 포기할지도 모르겠습니다. 그러나 실제로 그렇게 하고 있는 업체들이 있으며, 또한 품질분임조 활동이 잘되는 공장이나 분임조일수록 개개인의 심리상태나 가정생활에도 깊은 관심을 갖고 있다는 것을 알아야 합니다. 중요한 것은 관리자들이 직원들에게 얼마나 관심을 기울이느냐 입니다.

**Q** 5. 설비(Machine)는 어떤 점을 중점적으로 관리해야 합니까?

**A** 5. 설비에서의 핵심 관리점은 '정밀도(repeatability)'와 '정확도(accuracy)'라고 할 수 있습니다. 우리는 흔히 설비에 대하여 이야기 할 때에 대개 "이 설비는 정밀도가 어떻다."라고 합니다. 그런데 이 '정밀도'란 치수의 산포가 얼마나 좁게 유지되고 있는가에 국한되는 개념이므로 이것만 가지고는 설비

의 능력을 평가하기가 충분치 못합니다. 여기에 산포의 범위가 얼마나 목표치의 중심에 근접하고 있는가 하는 점도 함께 고려하여 평가해야 하는데 이것이 바로 '정확도'입니다. 다시 말하면 <그림 1.1>과 같이 정밀도와 정확도를 관리함으로써 좋은 설비가 될 수 있는 것입니다.

(1) 관리 전

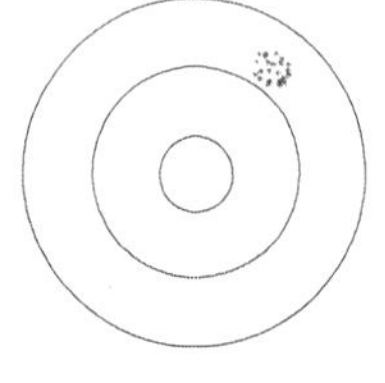
(2) 정밀도 관리 후

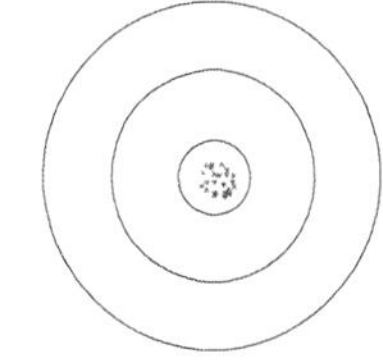
(3) 정확도 관리 후

〈그림 1.1〉 설 비 관 리

**Q** 6. 재료(Material)는 어떤 점을 중점적으로 관리해야 합니까?

**A** 6. 재료는 크게 두 가지로 구분합니다. 철판, 수지 등과 같은 '원재료'와 외부의 협력업체에서 가공 공정을 거쳐서 납입되는 '외주부품'입니다.

원재료의 경우에는 기본적인 물성치가 중요할 것이고, 외주부품의 경우에는 칫수, 성능, 신뢰성 등이 중요합니다. 그러나 어찌되었던 재료, 부품의 특성들이 일정한 범위 내에 들어있지 않다면 이로 인해 생산라인에 투입된 후에 생산작업에 커다란 혼란을 일으키거나, 소비자에게 납품 후 신뢰성에 큰 문제가 발생할 수 있습니다.

'garbage-in, garbage-out'라는 속담이 있습니다. 쓰레기 같이 잘못된 것이 들어가면, 아무리 노력해도 쓰레기 같은 것이 나올 수밖에 없다는 것으로, 생산현장에서는 원류관리를 잘해야 한다는 것을 의미합니다. 따라서 재료, 부품에 있어서도 산포의 관리가 중요한데 이러한 산포관리를 위해서는 재료, 부품을 만드는 제조업체의 공정관리를 잘 관리해야 합니다.

포졸 10명이 도둑 하나를 지킬 수 없다는 말이 있듯이, 아무리 재료에 대하여 공장입고 후 검사를 잘 한다 해도 현실적으로 100%의 검사는 불가능한 것입니다. 그러므로 처음부터 재료 및 부품 가공업체의 제조공정에서 불량품이 만들어지지 않도록 업체를 지도하고 육성해야 하며, 만일 그럴 입장이 아닌 경우(예를 들면 협력업체의 규모가 더 큰 경우)에는 신뢰성있는 업체와 거래할 수 있게 노력해야 합니다.

**Q 7. 방법(Method)에 있어서는 어떤 점을 중점적으로 관리해야 합니까?**

A 7. 방법이란 어떻게 만드느냐에 관한 문제입니다. 우리는 동일한 재료와 기계를 가지고도 만드는 방법이 다르면 최종 제품에서도 다른 결과가 얻어지는 경우를 흔히 보아왔습니다. 따라서 이 문제는 동일한 결과를 얻는데 있어서 어떻게 하면 경쟁사보다 싸고 빠르게, 양질의 물건을 만들 수 있느냐 하는 수단에 관한 것입니다. 이를 위해서는 작업자들의 제안에 의한 개선활동이나, 관리자와 작업자들이 손에 기름을 묻혀 가며 쌓은 많은 경험과, 실패를 통하여 얻어지게 되는 축적된 Know-How가 필요한 것입니다.

Q 8. 잘 알겠습니다. 그러면 마지막으로, 측정(Measurement)은 왜 중요하고, QCD와는 어떤 관계가 있습니까?

A 8. 생산활동 중 공정관리는 측정된 데이터에 근거하여 관리하므로 정확한 데이터의 수집과 분석이 매우 중요합니다. 만일 측정된 데이터가 정확하지 못하다면, 측정된 결과가 제품의 실질적 특성을 나타내고 있는지 알 수 없고, 공정을 정확히 이해할 수도 없을 것입니다. 즉, 측정치가 품질특성치의 참값(master value)과 동일하다면 이 측정은 매우 잘된 것입니다. 그러나 측정치가 참값과 거리가 있다면 이 측정은 질(quality)이 낮다고 하겠습니다.

일반적으로 통계적 편의(bias)와 정도(precision)에 의해 측정 데이터의 질을 평가합니다. 여기서 편의란 측정값과 참값과의 차이를 의미하며, 정도란 동일한 제품을 반복 측정할 때 파생되는 측정값의 변동입니다. 만일 측정시스템에 편의나 정도가 크게 발생한다면 이런 시스템을 사용하여 제조공정을 분석하는 것은 제조공정에서 발생하는 문제점을 정확히 파악해 낼 수 없다는 것이며, 이로 인하여 QCD를 만족시키면서 지속적으로 수행하는 개선은 매우 어렵습니다. 따라서 제품이나 공정을 정확히 측정하여 올바른 데이터를 산출할 수 있도록 측정시스템을 반드시 정규적으로 평가하여야 합니다.

**Q** 9. 그렇다면 5M의 관리만 잘 해 준다면 공장관리는 문제 없는 것입니까?

**A** 9. 그렇지는 않습니다. 5M이란 생산현장에서 관리되어져야 할 가장 중요한 요소임은 틀림 없으나, 그 외에 원활한 생산을 위해서 생산현장을 지원해 주는 Staff 역할도 중요합니다.

**Q** 10. Staff의 역할이란 무엇입니까?

**A** 10. 생산현장을 보유하고 있는 제조업의 경우, 회사의 모든 역량이 물건을 '만드는 분야'와 '판매하는 분야'에 집중되어야 할 것입니다. 그러나 이러한 임무를 원활히 수행하기 위해

서는 측면에서 지원해 주는 조직이 없어서는 안됩니다. 일반적으로 인사부서, 경리부서, 총무부서, 관리부서 등이 이에 해당될 것입니다. 이러한 기능의 조직을 묶어서 우리는 'Staff 조직'이라고 부릅니다. 이와 반대로 직접 생산, 판매 업무에 종사하고 있는 조직은 'Line 조직'이라고 합니다.

그런데 우리가 여기에서 짚고 넘어가야 할 점은, 앞에서 설명하였다시피, 'Staff 조직의 역할은 Line 조직의 업무를 도와주는 것'이라는 겁니다. 간혹 이러한 기본 개념이 상실된 채 Staff 조직이 Line 조직의 위에 군림하는 형태로 운영되는 회사를 보게 됩니다. 이는 공장관리 전반에 악영향을 미칩니다. 특히 근로자의 심리에 끼치는 영향은 무척 안좋습니다. 이로 인해 생산성이 저하되고, 불량률이 상승하며, 심지어 노사분규에까지 이르게 되는 등 심각한 부작용을 일으킬 수도 있게 된다는 것에 각별히 유의해야 할 것입니다.

**Q** 11. 잘 알겠습니다. 그렇다면 공장 전체는 Line 조직에 해당될텐데, 공장의 조직체계는 어떻게 구성하는 것이 좋겠습니까?

**A** 11. 공장의 규모와 생산하는 제품의 유형에 따라 차이가 있을 수 있는데, 중소기업에 바람직한 공장의 조직체계는 대개 다음과 같습니다.

우선 공장의 생산활동에 참여하고 있는 조직체계를 크게 구분한다면 직접부서와 간접부서가 있습니다. 직접부서라면 그것은 물론 생산부서가 이에 해당될 것이고, 생산부서를 도와주는 생산기술부서, 생산관리부서, 품질관리부서 등이 간접부서에 해당될 것입니다. 이러한 개념을 조직도로서 나타낸다면 <그림 1.2>와 같습니다.

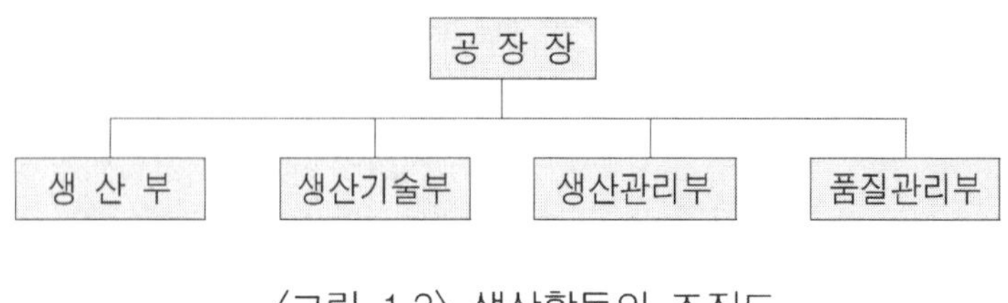


〈그림 1.2〉 생산활동의 조직도

이외에도 공장규모에 따라 보전부서, 치공구부서, 공무부서 등을 별도로 운영하기도 합니다. 설계부서는 공장의 조직으로 운영하는 경우도 있습니다만, 별도의 R&D(Research & Development ; 연구, 개발) 조직으로 운영하는 경우도 많습니다. 이러한 R&D 조직의 운영에 대한 판단은 회사의 규모와 경영방침 차원에서 그 방향을 결정해야 할 것입니다.

**Q** 12. 각 부서의 역할에 대해서 좀 더 자세히 알고 싶습니다. 우선, 생산기술부의 역할은 구체적으로 무엇입니까?

**A** 12. 생산기술부의 가장 기본적인 임무는 신제품에 대한 양산구상과 그에 따른 준비를 하는 것입니다. 좀 더 구체적으로 말해 볼까요?

신제품에 대한 도면이 나오면 그 도면의 사양을 만족시키는 신제품이 적절한 QCD를 지키면서 원활히 양산될 때까지 산파역할을 하는 것입니다. 따라서 생산기술부는 양산에 필요한 5M을 기획하고 계획을 세우며, 시험생산을 거쳐 5M의 안정이 목표기간 내에 조속히 이루어 지도록 노력해야 합니다. 5M이 안정되었다고 판단되는 시점에서 생산기술부는 생산활동에 필요한 모든 업무를 생산부에 인계하는 것입니다.

이를 위하여 수행해야 할 생산기술부의 업무는 구체적으로 다음과 같습니다.

(1) 설비
- 설비의 사양 결정
- 설비제조업체 및 설비 Model 선정
- 설비의 입고검사
- 설비의 배치(Lay out) 및 시운전

등의 업무가 있습니다.

(2) 사람
- 생산라인의 Lead-Time, Cycle-Time 및 Tact-Time 의 결정
- 생산라인의 작업인원 배치의 결정
- 생산라인의 작업자의 초기교육

등이 있습니다.

(3) 방법
- 제조공정 흐름순서의 결정
- 각개 공정별 작업순서의 결정

├ 각개 공정별 작업조건(Cycle-time) 결정 :
  (Man-Machine chart, 동작분석표 등)
└ 각개 공정별 공구 및 치구 결정
  등이 있습니다.

(4) 재료 ┌ 제조공정별 소모자재의 사양 결정
  (절삭유, 세척제 사양 등)
├ 제조공정별 소모자재의 소요량 결정
└ 가공용 소재의 칫수결정
  등이 있습니다.

(5) 측정 ┌ 각개 공정별 검사부위 설정
├ 각개 공정별 검사구의 지정
├ 각개 공정별 검사방법 지정
└ 각개 공정별 검사방법 교육
  등이 있습니다.

**Q** 13. 그 다음 생산관리부서는 어떤 일을 해야 합니까?

**A** 13. 생산관리부서의 역할은 한마디로 지정된 제품의 적정 수량이 고객이 원하는 납기 내에 생산되어 공급되게끔 고객과의 사이에서 미세조정하는 것입니다. 수시로 변하는 고객의 수요시점과 주문양을 정확히 파악한 후, 생산 Lead Time을 감안하여 생산계획을 수립하여 생산부에 전달해야 하며, 부품 또는 재료 공급업체에도 전달하여 생산계획에 차질이

생기지 않도록 생산 Schedule 전체를 관리하는 것입니다. 이러한 생산관리부서의 업무를 좀 더 세부적으로 나누면, '공정관리업무'와 '자재관리업무'로 구분할 수 있습니다.

(1) **공정관리업무**란 가공라인이나 조립라인 등 생산라인 전체의 계획을 상세히 수립하여 생산부에 제시하고, 이 계획대로 생산이 진행되고 있는지를 항상 파악하며, 차질이 발생될 경우에는 이를 조정하는 업무입니다.

(2) **자재관리업무**란 생산라인에 생산용 자재를 필요한 때에 맞추어서 공급하여 주는 것이 기본 임무로서, 이를 위하여 공정관리에서 발행된 생산 Schedule에 근거하여 협력업체로부터 자재를 조달받아 생산라인까지 운반해 주는 업무입니다.

**Q** 14. 품질관리 부서의 역할은 무엇입니까?

**A** 14. 품질관리 부서의 역할에 대해서는 대부분의 사람들이 잘 알고 있으므로 새삼스럽게 언급할 필요는 없을 것 같습니다. 그러나 한 가지, 많은 사람들이 잘못 알고 있는 것이 있는데, 제조품질에 대한 책임과 관련된 것입니다. 많은 사람들이 제품의 품질상의 문제에 대해 품질관리부서에서 모든 책임을 지는 것으로 알고 있습니다. 그러나 품질관리부서는 고객에 대해서만 일차적으로 책임이 있을 뿐이고, 공장

내부적으로는 각 관련 부서가 각기 고유의 부분에 대해 책임이 있는 것입니다. 몇 가지 예를 들어 볼까요?

(1) 우선 생산기술부의 책임을 들 수 있습니다. 생산기술부는 제품설계나 공정설계의 잘못으로 인하여 품질불량이 나오는 것을 방지하기 위해 모든 5M을 처음부터 신중하게 결정해야 합니다. 품질 산포의 85%는 제품기획 및 개발 단계에서 결정되고, 단지 15%만이 생산라인에서 생성된다는 말이 있습니다. 이는 처음부터 잘못 출발된 부품 선정과 제조공정으로 인하여 많은 노력과 시간 및 비용이 소모된다는 의미입니다.

(2) 생산부는 잘 만들어야 할 책임이 있습니다. 제품의 품질은 그 제품을 만드는 공정중에서, 작업자의 손놀림에 따라 결정되는 것입니다. 만드는 사람이 책임지고 규격을 지키면서 양질의 제품을 만들어야 하는 것입니다.

(3) 인사부는 사람을 채용할 때부터 신중히 해서, 그 사람의 성품, 자질 등을 잘 고려하여 채용하고, 채용한 후에는 교육, 훈련 및 적절한 배치 등을 생산부서와 함께 관리해야 하는 것입니다.

이상에서는 간단히 세 부서의 예를 들었습니다만, 근본적으로는 회사의 조직과 분위기 전체가 '어떻게 해서든지 고객에게는 한 개의 불량품이라도 흘려보내지 않겠다.'는 방향으로 가지 않으면, 품질관리부서 혼자만의 노력으로는 절대로 좋은 품질을 얻을 수 없는 것입니다. 그래서 이를 두고 전사적 품질관리(TQC : Total Quality Control)라는 용어를 쓰기도 합니다. 최근에는 전사적 품질경영(TQM : Total Quality Management)이라는 용어를 씁니다. TQC에서는 기업경영을 지원해주는 현장 종업원 중심의 품질관리나 품질개선을 강조하지만, TQM에서는 품질관리활동에 경영자의 참여를 적극적으로 유도하고, 고객지향적 기업 경영을 도모하기 위한 것으로 볼 수 있습니다.

**Q 15. 보전부서의 역할은 무엇입니까?**

A 15. 보전부서의 일차적인 업무는 고장난 설비의 정비라고 할 수 있겠지요. 그러나 여기서 우리가 알아야 할 것은 고장난 설비를 빨리, 정확히 고치는 것도 중요하지만 그보다 더 중요한 것은 설비가 고장이 나지 않도록 평소에 관리를 잘 하는 것입니다. 이것은 기계를 사용하고 있는 작업자 스스로가 마치 자신의 승용차를 다루듯이 자신의 기계를 다루어 줄 때에 가장 이상적으로 실현될 것입니다. 그래서 이를 우리는 '사주보전'이라 합니다.

그리고 어떤 공장은 설비와 종업원 간에 'My Machine'

제도를 도입하여, 본인이 작동하는 기계는 스스로가 점검하고 기름칠하여 기계가 최상의 조건에서 작동하도록 하고 있습니다. 또한 <그림 1.3>에서 알 수 있듯이, 몇몇 기업체에서는 TPM-3M이라하여 'My Machine' 외에 'My Area'와 'My Process'를 추가하여 자기 주위에 있는 것들을 정리, 정돈, 청소 및 청결화하고, 내가 수행하는 공정은 내가 책임진다는 사상 하에 자주보전을 추진하고 있습니다. 이와 같은 능동적이고 통합적인 보전활동이 정착되어야 진정한 전사적 생산보전(TPM : Total Productive Maintenance)도 가능해 지는 것입니다.

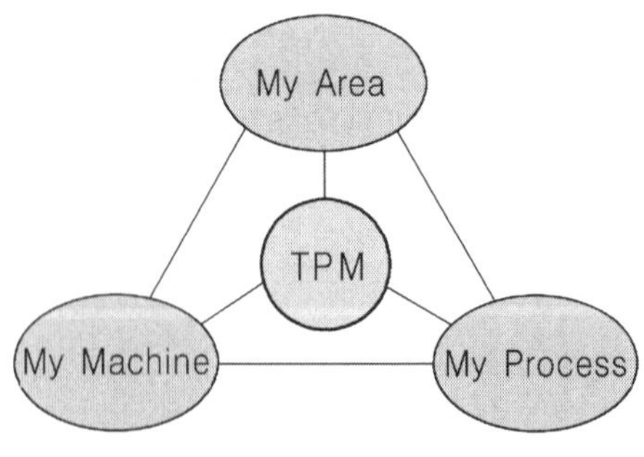


〈그림 1.3〉 TPM-3M

**Q** 16. 그런데 공장 내의 부서간 업무분담은 지금까지 설명한 대로 한다고 하더라도 각 부서 내의 기술직 사원과 기능직 사원간의 업무분담은 어떻게 하는 것이 좋겠습니까?

**A** 16. 그것은 상당히 어려운 질문이군요! 왜냐하면 각 부서의 업무특성에 따라 다르게 적용해야 하기 때문입니다. 그러나 공통점을 들어 예로써 이야기 한다면 그것은 '표준을 만든다'와 '표준을 지킨다'는 관점에서 구분하는 것입니다. 표준이란 것은 기술 표준(제조공정도, 검사규격 등)을 포함한 모든 업무 처리 기준을 의미하는 것으로 공장을 운영하는 데에는 다양한 표준류가 필수적인데 이러한 표준류를 제정하는 일을 기술직에 있는 사람들이 해야 합니다. 그리고 기능직에 있는 사람들은 이를 유지해 나가되 항상 정확히 지켜지도록 노력해야 하고, 또 제안이나 품질분임조 활동 등을 통하여 개선 및 발전시켜 나가야 하는 것입니다.

**Q** 17. 그렇다면 공장에서 사용되는 표준류에는 어떤 것들이 있읍니까?

**A** 17. 너무 많은 종류의 표준들이 사용되므로 일일이 다 열거할 수는 없겠으나 대표적이고 필수적인 것들을 살펴본다면 다음과 같을 것입니다.

① 설계도면 : 제품이 지녀야 할 시장성, 상품성 등을 고

려하여 출시 목적에 맞는 외관, 성능 및 내구성을 지니도록 부품과 완성품에 대한 칫수, 사양 등을 기입한다.

② 재료사양서(Material Specification) : 제품생산에 사용되는 원·부재료에 대한 상세한 물성치를 규정하고 있는 것으로 설계부문에서 작성된다.

③ 기술사양서(Engineering Specification) : 역시 설계부문에서 작성하는 것으로 완성품이 지녀야 할 성능, 내구성에 대해 상세히 규정한다.

④ 제조공정도 : 생산기술부서에서 작성하는 것으로 설계사양에 근거하여 어떻게 제조공정을 구성하고, 어떤 순서로 생산을 진행시켜 QCD를 만족하는 제품을 만들 것인가를 담고 있다.

⑤ 공정작업표 : 역시 생산기술부서에서 작성하는 것으로, 제조공정도에 근거하여 각 공정에 대한 상세한 내용을 규정하여 작업순서, 작업조건, 검사방법, 공구, Jig & Fixture, 소모자재 등을 규정한다.

⑥ 작업표준 : 생산부에서 작성하는데, 생산현장의 감독자(반장, 직장, 혹은 조장 등)가 작성하는 것이 원칙이다. 공정작업표에 근거하여 현장 작업자가 작업중 지켜야 할 작업조건을 요약하여 정리한 것으로 알기 쉽게 작성해야 한다.

⑦ 품질관리공정도 : 생산기술부서와 품질관리부서에서 공동으로 작성하는 것으로서 제조공정도에 근거하여 작성

하며 각 제조공정별 검사항목, 검사방법, 판정기준, 검사책임자, 검사빈도, 중요도 등에 대해 상세히 규정한다. 흔히, 품질관리부서에서 품질관리공정도를 작성하는 것으로 오해를 하는 경우가 많은데 이것은 두 부서가 협조하여 작성하는 것이 원칙이다. 왜냐하면 제조순서를 생산기술부서에서 구상하여 짜기 때문에, 가공 또는 조립공정 진행상 어떤 공정의 어떤 부위가 최종 제품에 어떤 영향을 미칠 것인가를 생산기술부서에서 잘 알기 때문이다. 따라서 제조공정의 흐름중에 있는 각 공정에 대한 상대적인 중요도를 생산기술부서에서 정하고, 이에 대한 검사방법 및 검사업무의 실시분담(자주검사로 할 것인가, 또는 품질관리검사로 할 것인가)을 두 부서에서 정해야 한다.

⑧ 검사규격 : 검사부서 또는 품질관리부서에서 작성하는 것으로 최종 완성품에 대한 검사항목을 상세히 규정한다. 또 항목별 칫수, 외관, 성능, 신뢰성 등에 대한 판단기준, 검사방법, 검사기기, 중요도 등에 대해서도 구체적으로 기술한다.

이상에서 중요한 표준류에 대하여 간단히 언급을 하였습니다만, 표준이라는 것은 잘 만드는 것도 중요하지만 잘 지키는 것도 그에 못지 않게 중요합니다. 특히, 우리 나라 사람들은 머리가 좋아서 현장에서 생산활동을 하다 보면 쉽게 개선점을 발견하곤 합니다. 그래서 자기 스스로 개선된 방법을 찾아내어 그대로 작업을 하는 예가 자주 있습니다. 이 때 중요한 것은 이러한 개선사항이 발견되면 검증절차를 거쳐 반드시 표준을 개정한 후에 적용해야 한다는 것입니다. 그렇지만 사실 개정절차를 거치다보면 시간이 소요되기도 하고 귀찮기도 합니다. 경우에 따라서는, 실제로 처리절차가 업무의 효율성을 떨어뜨리는 부작용도 발생합니다. 그러나, 그렇다고 해서 이러한 절차를 거치지 않는다면 더 큰 문제가 생기게 되는 것입니다.

실례로 다음과 같은 것들이 어떤 공장에서 발생했습니다.

(1) 개선에 의하여 작업 효율이 올라가는 경우라 할지라도 그 개선 내용으로 인해 완성제품의 성능 또는 내구수명에 악영향을 미칠 수 있습니다.

좌측에서 용접하게 되어있는 작업을 작업성이 편리하다는 이유로 우측에서 용접하였습니다. 이 때 좌측과 우측 간의 온도차가 발생하여 용접부 내부에 기포가 생겨, 출하 후 고객이 사용하던 중 내부 Crack이 발생하고 이로 인해 A/S Claim이 있었습니다.

(2) 새로운 방법에 문제가 있어 출하된 제품에서 Claim이 발생되었을 경우 Lot 추적이 안됩니다. 언제부터 작업자가 임의로 작업방법을 변경하였는지 알 수 없기 때문입니다. 따라서 적은 수량의 교환으로 처리할 수 있는 Claim도 문제발생 Lot의 구분이 정확히 안되어 실제보다 몇 배가 되는 수량을 교환하게 되었습니다.

(3) 표준이 체계가 무너지게 됩니다. 한 두 건 정도는 아무렇지 않습니다만 이러한 분위기가 점점 전파되어 공장 내에 팽배하게 되어 표준자체를 경시하는 풍조가 형성되었습니다.

이상에서 살펴본 바와 같이 표준의 변경은 반드시 공장의 정해진 절차에 따라 검증을 받고 개정이 이루어 져야 합니다. 이 때, 이에 따르는 비효율적인 면을 최소화해야 하므로, 개정처리절차를 최대한 단순하게 구성하는 것이 필요한 것입니다.

**Q** 18. 그렇다면, 모든 작업이 표준대로 행해지도록 하면 일단은 안심해도 되겠군요.

**A** 18. 예, 그렇습니다. 간혹 표준 자체가 잘못 되어있는 경우도 있습니다만, 일단은 표준대로만 지켜진다면 어느 정도 마음은 놓이게 될 것입니다.

**Q** 19. 그 다음에는 어떤 점들에 신경을 써야 합니까?

**A** 19. 좋은 질문을 하셨습니다. 이렇게 우리가 표준을 지켜 나간다는 것은 현상유지에 해당됩니다. 그러나 서두에서도 이야기 하였듯이 경쟁업체와의 경쟁에서 살아 남고 나아가 선두적인 기업이 되기 위해서는 강한 체질로의 변신이 필요합니다. 즉, 현상을 타파하여 Level-Up 되어야만 하는데 이를 위해서는 5M을 중심으로 생산현장을 지속적으로 개선해 나가야 합니다.

**Q** 20. 그렇다면, 5M 중 무엇을 개선해야 하는 것입니까?

**A** 20. 우선, 대표적으로 세 가지를 이야기 할 수 있을 것입니다. 먼저 공장 내의 5M과 관련하여 구석 구석에 존재하고 있는 '불합리', '불균일', '불필요'가 대상입니다. 흔히, 이 세 가지 요소를 '3불'이라 약칭하여 공정 나름대로 이를 없애는 운동을 하기도 합니다마는, 대개는 일과성 행사로 끝나거나 플래카드(placard)를 걸어 놓고 대외 전시용으로 활용하는 정도에서 그치는 것이 대부분입니다. 실제로 '3불'을 제거하는 일이란 그렇게 쉽고, 간단한 일이 아니고 장기간에 걸쳐 끊임없이 추진해 나가지 않으면 효과를 볼 수가 없는 일입니다. 공장의 규모, 상황 등에 따라 다르겠지만 최소 3년 이상의 기간을 설정하여, 끈기있게 활동을 펴야 하는 일인 것입니다.

**Q** 21. 경쟁력 강화를 도모하고자 노력하는 것은 어느 공장이나 마찬가지인데, 이러한 '3불' 제거 노력이 성공을 거두지 못하는 이유는 어디에서 찾을 수 있겠습니까?

**A** 21. 그 이유는 다음과 같이 세 가지로 정리할 수 있습니다.

첫째로, 시행주체가 되는 사람들이 세 가지 불합리점에 대한 이해가 부족하기 때문이고, 둘째로, 현장의 관리상태가 혼란스러워, 문제점이 드러나지 않고 감추어져 있기 때문입니다. 즉, 현장의 상황이 '눈으로 보는 관리' 상태에 놓여 있지 않기 때문입니다. 셋째로는, 현장을 보는 안목이 부족해서 드러나 있는 불합리한 점을 보고도 그냥 지나쳐 버리는 경우도 생각해 볼 수 있습니다.

**Q** 22. 그렇다면, 3불의 의미에 대해서 설명해 주시겠습니까?

**A** 22. 예, 그렇게 하겠습니다.

(1) 불합리(不合理) : 무리한 일을 하지 않는다는 것입니다. 무리한 동작, 무리한 자세(예를 들면 허리를 항상 굽히는 자세 등), 또는 무리한 중량물의 취급 등이 이에 해당된다고 볼 수 있겠습니다. 이러한 불합리점을 개선하지 않고 방치한다면 생산성을 떨어뜨리기도 하고, 안전사고를 일으키기도 합니다. 이렇게 생산현장의 직접적인 불합리요소 이외에도 공장 Lay out의 불합리, 물류흐름의 불합리, 업무분담의 불합리 등도 찾아내어 개선해야 합니다.

(2) 불균일(不均一) : 간단히 말하여 산포를 줄이는 것입니다. 제조공정중의 5M이 항상 일정한 관리범위를 벗어나지 않도록 유지해 주는 것입니다. 그렇게 하여서 최종 완성품이 고객에게 인도된 후에도 사용상 문제가 발생하지 않도록 노력하는 것입니다. 그런데 여기서 우리가 한걸음 더 나가면 불균일의 개념을 생산성, 근로 자세, Utility의 질 등 공장관리 활동의 모든 대상으로 확대하여 적용해야 한

다는 것을 생각할 수 있습니다. 이러한 것들이 항상 균일하게 유지되지 않는다면 예측하지 못한 돌발요인으로 인하여 난데없이 철야근무를 하게 되거나 또는 휴일근무 등을 통해서 겨우 만회하게 되는 사태가 자주 벌어지게 되는 것입니다. 간혹 협력공장을 방문하여 보면 공장을 안내하는 관리자들이 자랑삼아 "우리 공장은 철야를 밥먹듯이 하면서 열심히 일하고 있다."고 이야기 하는 경우를 보게 되는데 이것은 결코 자랑할 일이 아니고 공장관리에 무언가 문제가 있다는 신호로 받아 들여야 합니다.

(3) 불필요(不必要) : 간단히 말한다면 '이익이 되지 않는 것(Loss 혹은 낭비 등)은 철저히 배제한다.'는 것입니다. 공장활동의 모든 분야가 다 여기에 해당되겠으나 다음과 같이 크게 다섯 가지의 유형으로 분류 할 수 있을 것입니다.

① 불필요한 운반 - 2중 물류, 상하이동, 먼거리운반 등
② 불필요한 동작 - 먼거리걷기, 셋팅 조정, 너무 높거나 낮은 Button, 가공 chip 제거, 양손 사용 등
③ 불필요한 재고 - 과잉재고(재공재고 혹은 완성재고) 등
④ 불필요한 가공 - 설비의 idle 운전, Air Cutting, 치구 붙잡기 등
⑤ 불필요한 대기 - 숙련도의 개인차, 작업분배의 불균일에 위한 대기 등

이상과 같은 점에서 철저히 3불 요소를 찾아 제거해 나가도록 전원이 노력할 때에 비로소 그 공장의 제품은 국제적인 경쟁력을 갖추게 될 것입니다. 이러한 3불 요소는 공장 내에만 국한된 것이 아니라, 사무 부문을 포함하여 전사적으로 확산시켜 나가야 합니다. 모든 조직원이 총체적으로 그리고 능동적으로 참여하는 것이 중요한 것입니다. 그러나 이를 실천한다는 것은 말처럼 쉽지가 않습니다. 그야말로 필사적인 각오로 임하지 않으면 안될 것입니다.

**Q** 23. 예, 3불의 의미는 잘 알았습니다. 그런데, 두번째로는 '눈으로 보는 관리상태'로 현장을 유지해야 한다고 하셨는데 그것은 무슨 의미입니까?

**A** 23. '눈으로 보는 관리'란 말 그대로 '눈으로 보고 생산현장의 이상 유무를 누구나 즉시 알 수 있도록 유지한다.'는 뜻입니다. 생산실적 보고서를 구태여 보지 않고도, 현장에서 상자 수만 세어 보는 것에 의해서 부품재고가 얼마나 있는지를 알 수 있게 관리한다든지, 간판 수만 세어 보고 외주부품이 몇 개 사용되었는지를 알 수 있게 하는 관리를 의미합니다. 또, 어느 공정에 과부하가 걸리고 있으며, 어느 공정에서 문제가 발생됐는지가 한 눈에 들어오도록 하는 관리를 의미합니다. 일례를 든다면, 자동화기계가 고장나면

자동적으로 붉은 등이 켜지게 하여 기계에 이상이 생겼다는 것을 누구나 즉시 알게 하는 것입니다.

어떤 분들은 '눈으로 보는 관리'의 뜻을 오해하여, 사무실의 현황판같은 곳에 도표를 잔뜩 붙여놓고 그것을 보고 생산현장의 상황을 파악하는 것이라고 생각하는 경우도 있습니다만, 이러한 것은 '눈으로 보는 관리'가 아닌 것입니다.

'눈으로 보는 관리'란 그야말로 현장에서 현물을 눈으로 보고 즉시 문제점을 파악하여 조치함으로써, 시간과 자재의 낭비 및 서류보고의 낭비를 제거하고자 하는 철저한 낭비 제거의 사상입니다. 이것이 실현되지 않으면 현장의 문제점이 노출되지 않아 현장관리자들은 현실과 동떨어진 조치를 하게 됩니다.

**Q** 24. 과연 그렇군요! 저도 '눈으로 보는 관리'에 대하여 오해를 하고 있었다는 것을 깨달았습니다. 그렇다면 '현장을 보는 눈'을 기르려면 어떻게 해야만 합니까?

**A** 24. 예, 이것이야말로 가장 어려운 과제이지요. 왜냐하면 많은 경험의 축적이 필요하기 때문입니다. 그러나, 개개인의 노력에 따라서는 빠른 시일 내에 이러한 안목을 갖출 수도 있습니다. 그러기 위해서는 첫째로, 모든 현장의 현상을 보면 반드시 잘못된 점이 있다고 생각하고, 개선점을 생각해보는 습관을 들여야 하고, 둘째로, 문제점을 발견하면, '왜?'를 다섯 단계 정도 반복하여 문제의 본질에 파고드는 습관을 들이는 것이 필요합니다.

결국은 본인 자신의 노력이 가장 중요한 것으로 항상 이와 같은 태도를 습관화하면서 현장근무에 임하여야 합니다.

Q 25. 네! 많은 노력이 필요하겠군요. 그건 그렇고, 결론적으로 경쟁력있는 공장을 만들기 위해서는 5M 중에 존재하는 3불 제거를 실시해야 할 것인데, 이렇게 하기 위해서는 무엇부터 해야 하는지 말씀해 주시지요.

A 25. 우선, 기술직, 기능직, 사무직, 경영층 등 구분없이 공장의 전 조직원이 '통일된 사상'을 가지고 있지 않으면 안됩니다. 그 다음에 자기의 공장 실정에 맞게 현장관리 기법을 개발하고 실천해 나가는 것입니다. 앞에서도 이야기 하였지만, 일관된 현장 철학의 바탕 없이 남이 좋다는 기법만을 산발적으로 도입하여 적용한다면, 실패할 확률이 높습니다. 자! 그러면 이제부터 현장관리의 사상에 대하여 하나씩 알아보기로 하겠습니다.

# 제2장
# 현장에서의 품질관리 사상들

## 2.1 품질이란

품질(quality)이란 말은 일반적으로 제품의 유용성을 정해 주는 특성이라고 정의될 수 있으나, 그 구체적인 의미는 시대와 더불어 변해가고 있고, 또한 사용하는 상황에 따라서 서로 다른 의미로 해석되는 경우가 많다. 과거에는 제품을 만드는 사람의 입장에서 보는 제품의 유용성이 강조되었으나, 최근에는 그 제품을 사용하는 사람의 입장에서 생각하는 제품의 유용성이 강조되고 있다. 따라서 요즘은 제품 자체의 물리·화학적인 제품품질(product quality)의 의미를 벗어나, 그 제품에 대한 서비스(service)의 질, 사용적합성(fitness for use), 신뢰성(reliability) 등도 포함시키는 넓은 의미의 품질 개념이 사용되고 있다.

품질의 의미는 크게 다음과 같이 네 가지로 분류될 수 있다.

### (1) 요구품질(quality of customer requirement)

요구품질이란 자기 회사 제품에 대한 고객의 원하는 바를 정확히 파악하는 정도를 말하는 것으로 고객만족(customer satisfaction)을 위한 출발점이라 할 수 있다. 파악된 요구품질은 대체로 추상적인 개념이며, 이 추상적인 개념을 품질기능전개(QFD; Quality Function Deployment)와 같은 방법을 통하여 구체화시켜 설계품질과 제조품질에 반영시킨다. 요구품질을 향상시키기 위해서는 시장조사, 경쟁업체 및 제품분석 등을 수행한다.

(2) 설계품질(quality of design)

설계품질이란 제품을 생산하기 위해 제품의 시방(specification), 성능, 외관 등을 규정지어 주는 품질규격(quality standard)을 표시한 것을 말한다. 설계품질을 결정할 때에는 소비자가 요구하는 품질(이것을 시장품질이라고도 함), 자사의 공정능력, 기술수준, 제품의 경제성 등을 고려하여 기획·설계해야 한다. 이 설계품질을 생산자의 입장에서 볼 때 '이 정도면 고객이 만족할 것이다.'라고 생각하는, 품질의 목표이므로 목표품질이라고도 말한다.

(3) 제조품질(quality of manufacturing)

제조품질을 적합품질(quality of conformance)이라고도 하며, 이것은 생산과정에서 제조된 제품이 설계품질에 어느 정도 적합되었는가를 나타내는 품질이다. 똑같이 만들고 싶은 제품이라도 제조 단계에서 품질이 균일하지 않게 되면 품질의 산포가 발생하게 된다. 공장에서 말하는 품질향상이란 이 품질을 말하는 것으로, 기술적·경제적으로 가능한 범위 내에서 설계품질에 일치하도록 노력하는 것이 제조분야에서의 품질관리 활동이라고 하겠다.

(4) 서비스품질(quality of service)

제품 자체가 아무리 바람직한 품질을 구비하고 있다고 해도, 소비자가 이것을 올바르게 사용할 수 있도록 해 주고, 제품이 고장나거나 사용상 애로사항이 발생하였을 때 적절한 애프터 서비스(after service)를 받을 수 있도록 해야만 소비자가 그 제품에 대해서 만족을 느낄 수 있다. 서비스 품질이란 소비자가 제품을 올바르게 사용할 수 있도록 사용방법을 전달해 주는 질, 그리고 제품 사용상 문제가 생겼을 때의 애프터 서비스 질 등을 의미한다. 최근에는 품질의 의미를 소비자 위주로 생각하는 경향이 짙어짐에 따라 이 서비스의 품질이 더욱 중요한 의미를 갖게 되었다.

위에서 분류한 바와 같이 품질의 의미를 네 가지로 나누어 생각해 볼 수 있으나, 품질이란 용어를 사용할 때 위의 네 가지 중에 하나만을 의미하는 것은 아니다. 일반적으로 위의 네 가지 중 두 가지 이상을 혼합시켜 복합적인 의미로 사용적합성(fitness for use)이라 말하고 있다. 즉, 소비자가 제품을 사용할 때에 그 제품에서 원하는 바가 얼마나 만족되느냐를 말하는 것이다. 소비자의 만족을 얻으려면 설계도 잘되어야 하지만 제조도 잘 되어야 하고, 또한 그 제품의 서비스도 훌륭해야 하므로 사용적합성이란 위에서 정의한 네 가지 품질의 내용을 모두 포함하는 것이 된다.

## 2.2 품질관리 : 지속적인 개선활동

품질관리의 관리(control)라는 말은 콘트롤(control)과 매니지먼트(management)의 의미를 모두 가지고 있다. 콘트롤이란 정해진 목표를 달성하기 위하여 표준을 설정한 후, 이것에 대비시키면서 행동을 제어해 나가는 활동을 의미한다. 매니지먼트는 경영이나 품질의 정해진 목표를 달성하기 위하여 조직을 만들어 그 활동을 계획하고 지시하고 통제하는 것을 말한다. 매니지먼트는 콘트롤보다 넓은 의미로 해석되는 관리로서 기업에서는 상부 관리층으로 올라갈수록 매니지먼트의 업무가 많아지고 하부 관리층으로 내려갈수록 콘트롤의 업무가 많아진다.

품질관리나 공장관리에서 관리의 의미는 시대의 변천과 더불어 강조하는 내용이 달라져 가고 있다. 과거에는 품질활동이나 생산활동에 대한 통제의 의미가 강하였으나, 근래에는 업무를 추진하기 위해 계획하고, 조직의 활동을 효율적으로 수행하기 위한 매니지먼트의 의미가 강조되고 있다.

품질관리 분야의 세계적인 석학인 데밍(Deming)은 관리의 기능을 <그림 2.1>과 같은 사이클로 설명하고 있는데, 이를 데밍 싸이클(Deming cycle)이라고 부른다. 관리의 구성요소는 보통 다음과 같은 네 단계로 나누어져 있다.

① 목표달성에 필요한 계획(혹은 표준)을 설정한다(plan).

② 계획대로 실시한다(do).

③ 실시되는 과정이나 실시된 결과를 측정하고 검토하며 이를 평가한다(check).

④ 평가한 결과가 계획에 비해 차이가 있으면 필요한 수정조치를 취하여 개선하도록 한다(act).

이 중에서 특히 검토 단계에서는 품질특성치에 대한 분석·연구·평가가 행해져서 평가 대신에 연구(study)라고 쓰기도 한다. 위의 단계를 계획(plan)→실시(do)→검토(check)→조치(act)의 영문의 첫 글자를 따서 간단히 관리의 PDCA 싸이클이라고 부른다. 좋은 관리활동은 PDCA 싸이클이 계속적으로 돌아가면서 끊임없는 개선(continuous improvement)이 이루어 져야 하는 것이다.

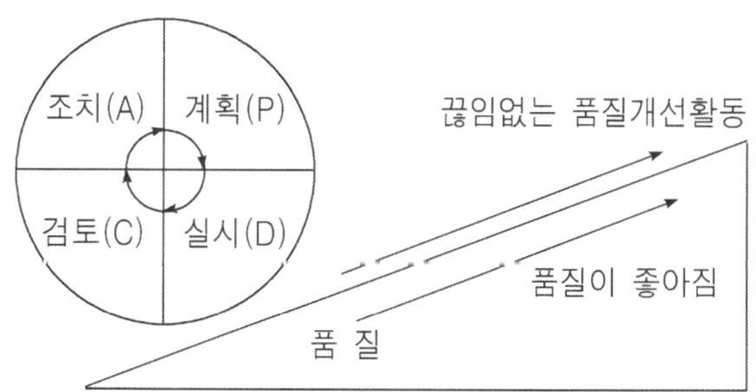


〈그림 2.1〉 PDCA 싸이클과 끊임없는 품질개선 활동

## 2.3 통계적 품질관리의 허와 실

일반적으로 제조업체가 고객에게 자기 회사에서 만든 제품의 품질을 보증하기 위해 가장 널리 사용하는 관리 수단이 '통계적 품질관리'일 것이다. '통계적 품질관리'란 흔히 SQC(Statistical Quality Control)로도 표현되고 있고, 그 중 가장 대표적으로 우리가 알고 있는 것은 '관리도(control chart)'와 '샘플링 검사(sampling inspection)'이다. 우리 나라는 1970년대부터 통계적 품질관리나 품질분임조 등 품질관리를 전 산업에 적용하면서, 제품의 품질도 좋아지고 제품의 국제 경쟁력도 많이 상승된 것이 사실이다. 요즘도 통계적 품질관리 수단을 응용하지 않는 공장은 거의 찾아 볼 수 없을 정도이다.

그러나 그럼에도 불구하고 현실적으로 생산활동중에 계속해서 불량품이 발생하고 있는 이유는 무엇일까? 우리가 여기서 주의해야 할 점은, 통계적 품질관리의 기본 개념은 생산현장에서 아무리 통계적 관리기법을 잘 사용하고 적용하더라도 어느 정도의 불량품은 발생하고, 그 불량품이 고객에게 전달될 수 있다는 것을 전제로 하고 있다는 것이다. 즉 통계적 품질관리는 <그림 2.2>와 같이 검사(inspection)에 의한 품질의 탐지를 중심으로 불량품이 고객에게 가지 않도록 하는 품질관리 활동인데, 어떤 검사방법도 불량품을 완벽하게 발견하기 어려우므로 고객에게 불량품이 전달될 가능성이 항상 존재한다. 다시 말해서 고객에게 어느 정도의 불량품이 인도되어도 어쩔 수 없다는 다분히 생산자 위주의 개념인 것이다.

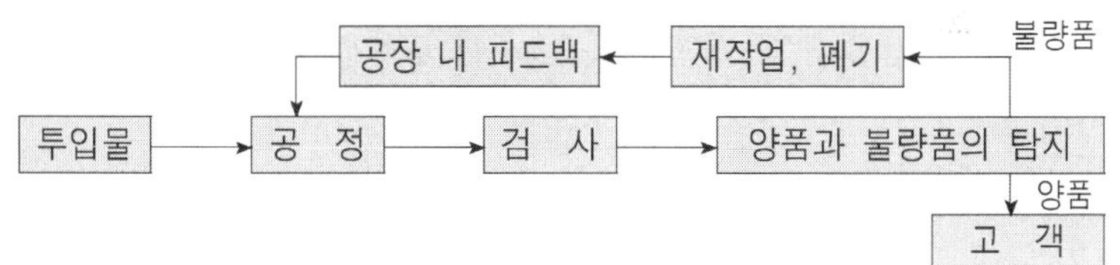


〈그림 2.2〉 통계적 품질관리 활동

통계적 품질관리는 고객에게 한 개의 불량품이라도 납품해서는 안된다는 철저한 고객지향의 개념은 아니다. 물론 현실적으로 고객에게 한 개의 불량품도 납품하지 않는다는 것은 불가능하다. 그러나 우리가 제조업에 종사하고 있으면서 '어느 정도는 고객에게 불량품을 납품하겠다.'는 자세를 갖고 있는 것과 '고객에게 단 한 개의 불량품도 납품하지 않겠다.'는 자세를 갖고 있는 것은 큰 차이가 있는 것이다.

이러한 기본 철학의 차이는 제품설계 단계(설계부) 및 공정설계 단계(생산기술부)부터 담당자들에게 영향을 끼치게 되어, '내가 이렇게 설계를 하면 생산현장에서 작업성이 나빠지므로 불량이 발생하기 쉽겠구나.'라는 고려가 전혀 되지 않은 채 설계가 진행된다. 이러한 환경에서 태어난 신제품은 이미 문제발생의 가능성을 안고 태어나게 되므로, 양산 단계에서는 생산을 담당하는 생산부서 사람들이 아무리 노력하여도 불량률을 어느 정도 이하로는 떨어뜨릴 수 없게 된다.

또한, 양산 단계에 돌입하면 생산현장의 5M1E(사람, 설비, 재료, 방법, 측정, 환경)의 요소들이 복합적으로 상호작용을 하면서, 통계적으로 관리를 할 수 있는 범위 이외의 다양한 형태의 불량을 일으키므로 더욱 어려워진다.

예를 들어, 작업자의 착오에 의한 불량품들과 양품의 혼입 등과 같은 문제는 통계적 관리 수단으로는 도저히 통제되지 않는 범주에 속한다. 부품 한 개에 불량이 발생할 경우, 그것이 공장에서는 한 개의 불량품에 지나지 않을지라도 고객의 입장에서 보면 자동차 한 대 또는 냉장고 한 대의 불량이다. 이러한 점을 생각한다면, 고객에 대한 품질보증을 통계적 품질관리 수단에만 전적으로 의존할 수는 없을 것이다.

그렇다면, 통계적 품질관리 수단의 약점을 보완할 수 있는 방법이 필요하게 될 것이다. 우선, 미국의 Big Three 자동차 회사(GM, Ford, Chrysler)를 중심으로 최근 사용되고 있는 '통계적 공정관리'와 그 사용 수단인 '공정능력'에 대하여 생각해 보고, 그 외의 보조 수단에 대해서도 하나씩 알아보기로 하자.

## 2.4 통계적 공정관리

'통계적 공정관리'는 흔히 SPC(Statistical Process Control)로 표현되며, 그 정의는 '공정에서 요구되는 품질이나 생산성 목표를 달성하기 위하여 PDCA 싸이클을 돌려가면서 통계적 방법으로 효율적인 공장운영을 해가는 관리방법'을 의미하는 것이다. SPC는 세 가지 단어의 합성어이며, 각 단어가 갖는 의미를 살펴보면 다음과 같다.

S(statistical) : 통계적 자료와 분석기법의 도움을 받아서

P(process) : 공정의 품질변동을 주는 원인과 공정의 능력 상태를 파악하여

C(control) : 주어진 품질목표가 달성될 수 있도록 PDCA 싸이클을 돌려가며 끊임없는 품질개선이 이루어 지도록 관리해 가는 활동.

따라서 SPC는 공정의 활동상태를 객관적 데이터를 바탕으로 파악하고, 좋은 제품이 생산될 수 있도록 관리해 줌으로써, 불량 zero에 도달하고 고객 만족을 도모하여, 더 나아가서 새로운 고객을 창출해 내는 것이라고 하겠다.

SQC는 주로 검사에 의하여 품질의 탐지를 중심으로 양품만을 고객에게 전달하고자 하는 품질보증 활동이고, SPC는 공정에서의 불량품 발생 예방활동을 중심으로 하는 품질관리 활동이다. SQC

문제해결
왜?
왜?
왜?
왜?
개선
불량품

는 제품의 다량검사에 의존하게 되므로 불량품을 탐지하고 선별하는데 비용 낭비가 많을 수 있다. 또한 어떤 형태의 검사방법도 불량품을 완벽하게 발견하기 어려우므로 앞 절에서도 거론된 것처럼 고객에게 불량품이 전달될 확률이 항상 존재하게 된다. 더 나아가서 불량품을 제조함으로써 발행하는 실패비용과 양품과 불량품을 선별하는 시간과 비용도 높아지게 되며, 전반적으로 공정의 생산성이 떨어지게 된다. 상대적으로 SPC는 끊임없는 개선활동과 품질정보의 공정피드백을 통하여 예방활동에 치중하므로 예방비용은 단기적으로는 증가하나 실패비용은 크게 줄게 된다. 검사도 공정상태를 파악하기 위한 소량의 샘플링검사 정도이므로 검사에 필요한 시간과 비용이 적게 든다. 그러므로 공정의 생산성도 SPC쪽이 높아지게 된다.

이와 같은 SPC의 목표는 끊임없는 공정의 개선추구 활동으로 가능하며, 다음과 같은 세 가지 활동요소가 필요하다.

① 설계품질의 품질규격을 만족시키기 위하여 모니터링과 불량품 발생에 대한 예방(prevention) 활동,
② 공정에서의 품질산포의 크기를 파악하고, 품질산포의 원인을 규명하며, 품질변동을 감소시키는 활동,
③ 공정에 관한 의사결정을 하기 쉽도록 객관적 정보를 제공하는 활동.

그러면 SPC에서 가장 중점적으로 관리하고 제일의 적으로 고

려되는 것은 무엇일까? 그것은 공정상에서의 품질변동(quality variation)이다. 품질불량에서 오는 고객의 불만은 상당 부분이 공정상의 품질변동에서 발생하며, 품질변동을 줄여 주는 것이 SPC의 제일 과제이다. 특히 고품질의 제품으로 승부가 결정되는 현 시점에서는 품질변동을 줄이는 것이 매우 중요하다. 그러면 품질변동의 원인은 무엇일까? 그 원인을 논하고 해결 방안에 대하여 알아보자.

일반적으로 일정한 조건으로 작업을 하더라도 얻어지는 품질 특성치는 어떤 값을 중심으로 산포하게 된다. 품질의 변동 원인은 일반적으로 다음과 같이 두 가지로 분류할 수 있다.

(1) 이상원인(assignable cause or special cause)

작업자의 부주의, 불량자재를 사용했을 경우, 생산설비상의 이상발생 등을 말하며, 이 원인들은 만성적으로 존재하는 것이 아니고 산발적으로 발생하여 품질변동을 일으킨다.

(2) 우연원인(chance cause or common cause)

생산조건이 관리된 상태에서도 어느 정도의 품질변동을 발생시키는 원인으로, 작업자들간의 미세한 숙련도 차이, 온도와 습도의 변화, 식별되지 않을 정도의 원자재 및 생산설비 등의 제반특성의 차이를 말한다.

SPC에서는 품질변동을 조사하여 그 원인을 우연원인과 이상원인으로 분리시켜, 이상원인은 현장에서 즉각적으로 조치를 취하여 없앨 수 있도록 하고, 우연원인은 관리자들이 시스템적인 접근(system approach)으로 품질 변동의 크기를 축소시켜 나가야 한다. 조사에 의하면, 총 품질변동 중에 단지 15%만이 이상원인에 의한 것이고 85%는 우연원인에 의한 것이므로 품질변동을 줄이기 위한 관리자들의 시스템적 접근이 매우 중요하다는 것을 알 수 있다.

SPC 활동을 좀 더 구체적으로 보자. <그림 2.3>에서와 같이 공정에 설계품질이 투입되면 공정 안에서 5M1E 등을 대상으로 품질변동을 작게 하면서 설계품질과 동일한 제조품질을 생산하기 위한 SPC 활동이 이루어 진다. 공정상에서 제품의 품질을 측정하고 평가한 후에 제조품질이 설계품질에 어느 정도 일치하는가에 대한 진단을 실시한다. 진단을 실시하면서 품질변동의 원인을 우연원인과 이상원인으로 구분하여, 이상원인은 현장에서 조치를 취하고, 우연원인은 근본적인 시스템상의 조치를 강구하여 품질변동을 줄여나가는 것이다.

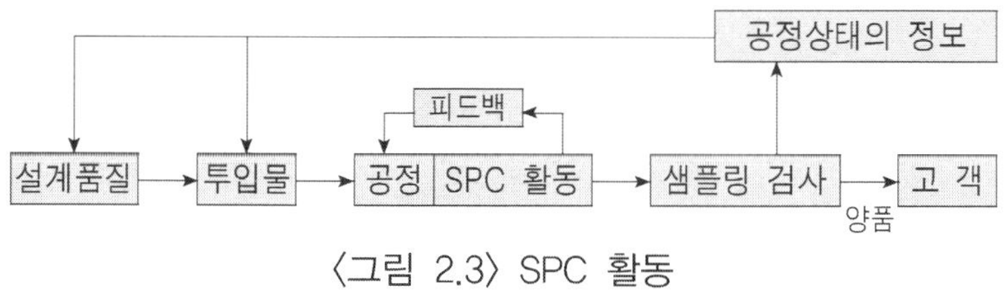


〈그림 2.3〉 SPC 활동

## 2.5 측정시스템 분석

통계적 공정관리는 측정된 데이터에 근거하여 공정을 관리하므로 정확한 데이터의 수집과 분석이 매우 중요하다. 만일 측정된 데이터가 정확하지 못하고, 측정과정이 충분히 조사되어 있지 못하면, 측정된 결과가 제품의 실질적 특성을 나타내고 있는지를 알 수 없고 공정을 정확히 이해할 수 없다. 즉 측정된 데이터의 질(quality)에 따라 공정관리의 효율성과 품질비용이 크게 좌우된다.

측정데이터의 질은 안정된 조건 하에서 작동된 측정시스템으로부터 얻어진 측정치의 통계적 특성과 깊은 관련성이 있다. 만일 측정치가 품질특성치의 참값(master value)과 거의 동일하다면 이 측정치의 질은 매우 높다고 할 수 있다. 그러나 측정치가 참값과 거리가 있다면 이 측정치는 질이 낮다고 하겠다. 우리가 생각하는 제품의 품질특성치는 측정시스템에서 측정된 결과이다. 이 측정된 제품의 변동은 제조 과정에서 형성된 변동과 측정에 의한 변동으로, 다음과 같이 구분된다.

측정된 제품의 변동=제조공정에 의한 변동+측정에 의한 변동

측정데이터의 질은 일반직으로 통계직 편의(bias)와 징도(precision)에 의해 평가된다. 편의란 측정값과 참값과의 차이를 의

미한다. 정도란 동일한 제품을 반복 측정하였을 때, 그 측정치는 어떤 산포를 하게 되는데 이 산포의 크기를 정도라 하며, 산포가 작으면 정도가 좋다고 말한다. 편의나 정도가 크게 발생하는 시스템을 사용하여 제조공정을 정확히 분석하는 것은 불가능하다. 그러므로 측정시스템이 제품이나 공정을 정확히 측정하여 올바른 데이터를 산출할 수 있는지 반드시 평가되어야 한다. 만일 정확히 평가되지 않고 사용된다면, 잘못된 측정시스템으로 인하여 공정을 정확히 판단할 수 없으며, 이로 인하여 품질비용은 상승하게 되고 지속적으로 제품의 품질을 개선시킨다는 것은 매우 어려울 것이다.

이상적인 측정시스템이란 품질특성치를 측정할 때마다 정확하게 참값을 측정하는 것이다. 즉 통계적으로 표현한다면 편의가 없고, 산포도 발생하지 않으며, 제품을 잘못 구분하는 경우가 없는 것을 말한다. 그러나 현실적인 면에서 이러한 상황은 거의 불가능하므로, 우리는 어느 정도의 통계적인 특성을 감수하여야 한다. 비록 측정시스템에 따라 차이는 있으나, 일반적으로 공통된 특성은 다음과 같다.

① 측정시스템은 통계적으로 관리상태에 있어야 한다. 즉 측정시스템에서의 산포는 단순한 우연원인에 의하여 발생해야 하며, 이상원인에 의하여 발생하면 안된다. (단 우연원인에 의한 측정시스템 산포가 커지면 데이터의 질이 떨어

진다는 것을 항상 유의하여야 한다.)

② 측정시스템에서 파생된 산포는 제조공정에서 파생된 산포에 비하여 반드시 작아야 한다.

③ 산포는 제품의 규격에 비하여 작아야 한다.

④ 계측기는 규격보다 한 눈금 더 작은 것까지 읽을 수 있어야 한다. 예를 들어, 만일 규격이 2.1 g ~ 2.2 g 이라면, 계측기 눈금은 0.01 g 까지 읽을 수 있어야 한다.

미국 자동차 산업에서 널리 사용되는 측정시스템의 평가방법은 편의(bias), 정밀도(repeatability), 재현성(reproducibility), 안정성(stability)이고, 각각에 대한 정의는 다음과 같다.

(1) 편의

편의는 어떤 계측기로 동일의 제품을 측정하였을 때 얻어지는 측정치의 평균과 이 특성치의 기준값과의 차이를 말한다. 이를 정확성(accuracy)이라고도 한다. 편의는 작으면 작을수록 좋다.

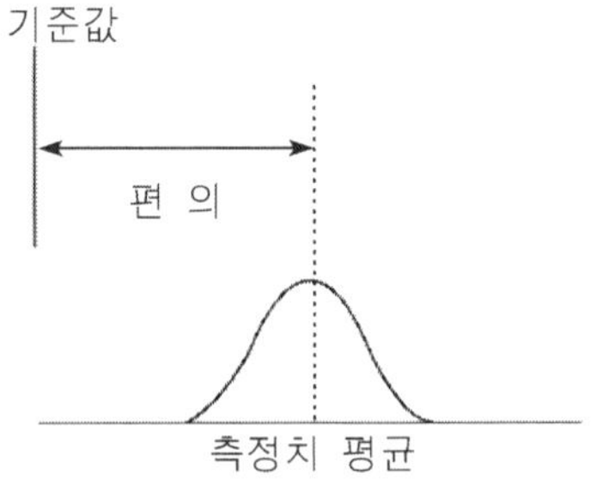


〈그림 2.4〉 편 의

(2) 정밀도

정밀도는 동일의 작업자가 동일의 측정기를 갖고 동일한 제품을 측정하였을 때 파생되는 측정의 변동이다. 즉 산포가 작으면 정밀도가 좋은 것이다.

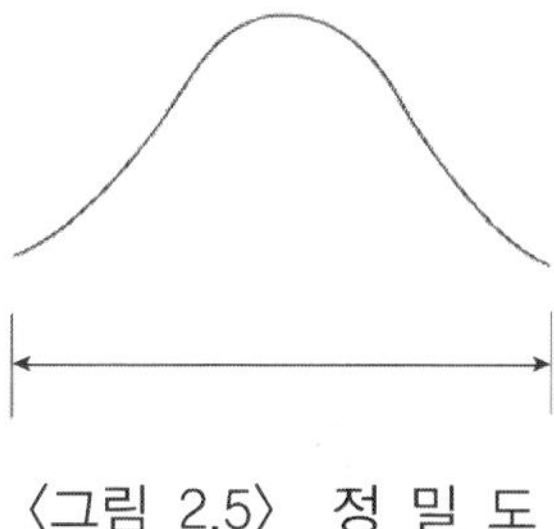

〈그림 2.5〉 정 밀 도

(3) 재현성

재현성은 측정자간의 차이를 말한다. 동일한 계측기로 동일한 제품을 측정하였을 때에 측정자간에 나타나는 측정데이터의 평균의 차를 말하며, 이 평균의 차가 크면 재현성이 떨어진다고 말한다.

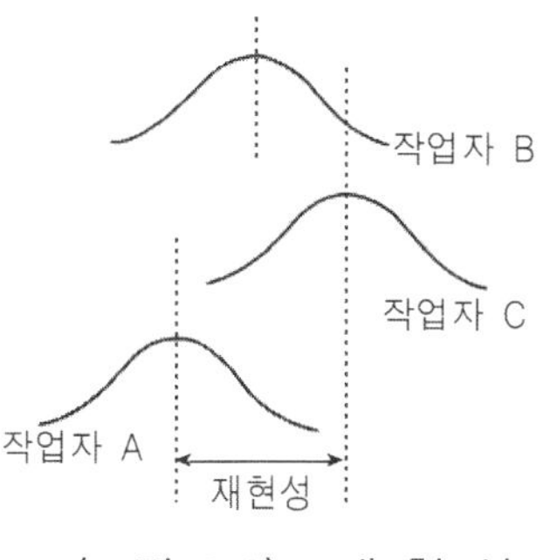


〈그림 2.6〉 재 현 성

(4) 안전성

계측장비의 마모나 기온, 온도와 같은 환경변화에 의하여 시간이 지남에 따라 동일 제품의 계측 결과가 다른 것을 말한다. 즉 시간이 지남에 따라 측정된 평균값이 다른 경우, 그 계측기는 안정성이 결여됐다고 말한다.

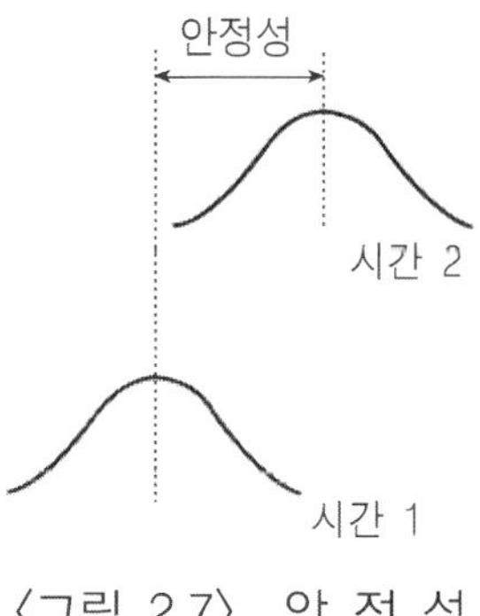


〈그림 2.7〉 안 전 성

일반적으로 이러한 평가 절차를 정밀도와 재현성을 위주로 평가하기 때문에 R&R테스트라고 하며, 그 외에도 여러 가지 평가 방법이 있다. 결론적으로 공장에서 어떤 계측기를 사용하든지 잘못된 잣대로 모든 것을 판단하고 있는지를 다시 한 번 돌아보아야 할 것이다. 자세한 평가 방법은 참고문헌(박성현·박영현·이명주 공저, 통계적 공정관리)을 참고하기 바란다.

## 2.6 공정능력

어떤 종류의 공정에서나 품질특성이 완전히 일치하는 제품을 반복해서 생산해 낼 수는 없다. 품질에 영향을 주는 원인은 수없이 많이 있으나, 이는 앞에서도 논하였듯이 제품 및 공정설계의 품질에서 시작하여 5M1E에 의하여 영향을 받는다. 이 때 각각의 품질특성은 어떤 범위 안에서 분포하게 된다. 즉, 품질특성은 산포를 가지고 있는 확률변수이며 어떤 확률분포에 따르게 된다. 공정관리란 '생산되는 제품의 품질특성이 제품규격에 명시된 소기의 목적을 달성하기 위하여 만족할 만한 확률분포를 가질 수 있도록 품질특성의 분포를 관리해 주는 활동'이라고 볼 수 있다.

공정에서 생산되는 제품의 품질변동이 작으면 그 공정의 공정능력은 좋다고 말하고, 품질변동이 크면 공정능력이 나쁘다고 말한다. 단 이 때 이 공정은 외부의 특별한 원인에 방해됨이 없이 정상적으로 가동되고 있는 상태인가를 확인해야 한다. 공정능력(process capability)이란 공정이 관리상태에 있을 때, 그 공정에서 생산되는 제품의 품질변동이 어느 정도인가를 나타내는 양이라고 말할 수 있다. 공정능력을 정량화하는데 가장 많이 사용되는 것은 공정능력지수(CPI: process capability index)이다. 이 지수를 $C_p$ 또는 $C_{pk}$로 나타내며, 다음과 같이 구한다.

(1) 양쪽규격이 있고 치우침이 없는 경우

규격상한($S_U$)과 규격하한($S_L$)이 있고, 제품의 품질특성치가 <그림 2.8>과 같이 양쪽규격의 중앙에 치우침이 없이 되어 있을 경우에 공정능력의 평가방법으로, 공정능력지수

$$C_p = \frac{S_U - S_L}{6s}$$

를 사용한다. 여기서 s는 품질특성치에 대한 샘플링 표준편차로서 다음과 같이 구한다.

$$s = \sqrt{\frac{\Sigma(x_i - \bar{x})^2}{n-1}}$$

여기서 $n$은 샘플수이고 $x_i$와 $\bar{x}$는 개개의 품질특성치의 측정값과 평균값을 나타내고 있다.

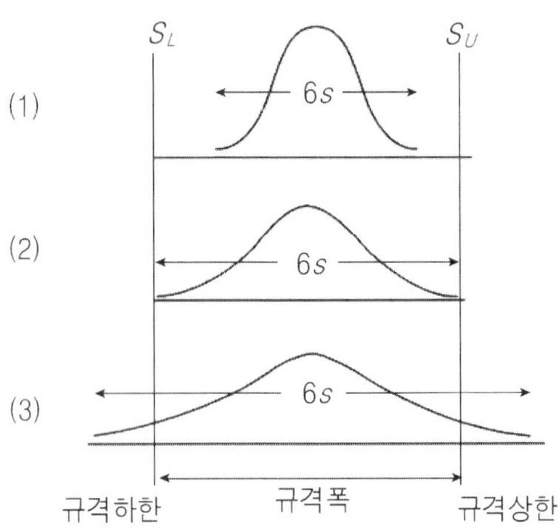


〈그림 2.8〉 규격폭과 6S와의 관계

<그림 2.8>의 (1)은 $C_p$의 값이 1보다 커서 공정능력이 충분히 좋음을 나타내며 불량률이 0에 가깝다. 만일 $C_p = 2.0$이면 불량확률은 최대 3.4 ppm(6시그마 품질수준임)이고, $C_p = 1.33$이면 불량확률이 약 63 ppm이다. (2)의 경우는 $C_p = 1$로 규격폭 $(S_U - S_L) = 6s$를 의미하며 이 때 규격을 벗어나는 제품, 즉 불량확률은 전체의 0.27%(즉 2700 ppm) 정도이다. (3)의 경우는 공정능력지수가 1보다 작으며 공정능력이 불충분한 경우이다.

일반적으로 공정능력의 등급을 공정능력지수에 따라서 [표 2.1]과 같이 분류한다.

[표 2.1] 공정능력의 판정기준

| 공정능력의 범위 | 공정능력의 등급 |
|---|---|
| $C_p \geq 1.67$ | 특 급 |
| $1.67 > C_p \geq 1.33$ | A 급 |
| $1.33 > C_p \geq 1$ | B 급 |
| $1 > C_p \geq 0.67$ | C 급 |
| $0.67 > C_p$ | D 급 |

각 등급에 대한 공정관리의 지침은 제품의 품질특성치에 따라 차이가 있으나 일반적으로 다음과 같이 생각하여 주면 좋다. 특급과 등급 A는 공정상태가 매우 양호하므로 산포관리는 만족스럽다. 따라서 공정능력을 같은 수준으로 유지하면서 제품의 단위당 가공시간을 단축시키는 생산성 향상을 시도하는 것이 바람직하다. 등급 B는 현재의 규격치에 겨우 맞추고 있음을 말하며, 등급 A로 향상되도록 노력하여야 한다. 등급 C 및 D는 공정능력이 불량함을 의미하여 다음과 같은 조치가 필요하게 된다.

① 더 적절한 능력을 보유한 공정(기계, 설비 등)으로 옮겨 작업을 진행하거나,

② 현 공정의 능력을 향상시키기 위하여 투자를 하거나,

③ 현재 사용하는 규격을 재검토하여 조정해 주거나,

④ 특별한 관리·가공방법 등을 고안하여 공정능력의 향상에 노력하여야 한다.

(2) 한쪽 규격만 있는 경우

한쪽 규격만 있는 경우는 <그림 2.9>와 같은 경우이며 다음의 수식을 사용하여 구한다.

규격상한만 있는 경우 : $C_{PU} = \frac{S_U - \bar{x}}{3s}$

규격하한만 있는 경우 : $C_{PL} = \frac{\bar{x} - S_L}{3s}$

여기서 $\bar{x}$는 샘플링된 제품의 품질특성치 평균값이다.

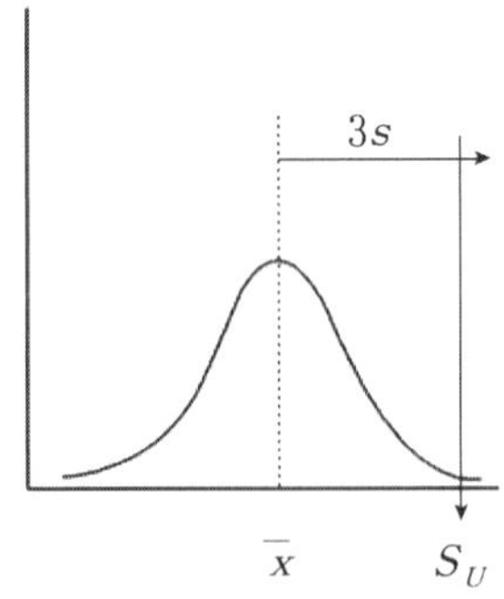


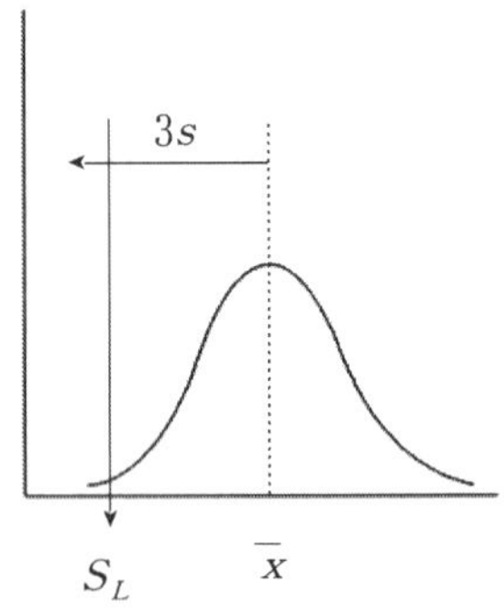


〈그림 2.9〉 한쪽 규격만 있는 경우

(3) 양쪽규격이 있고 치우침이 있는 경우

$C_p$만으로 관리할 경우에는 산포의 폭은 관리되지만 전체적인 산포의 치우침은 관리가 안된다. 즉, <그림 2.10>과 같이 평균값($\bar{x}$)이 목표치(M)에서 $S_U$측으로 치우쳐 있다면 불안한 상태라고 말할 수 있다. 이와 같이, 평균값이 어느 만큼 목표치에서 벗어나 있는가를 공정관리시에 함께 고려하여 평균값이 목표치로 이동하도록 공정조건을 조정해야 한다.

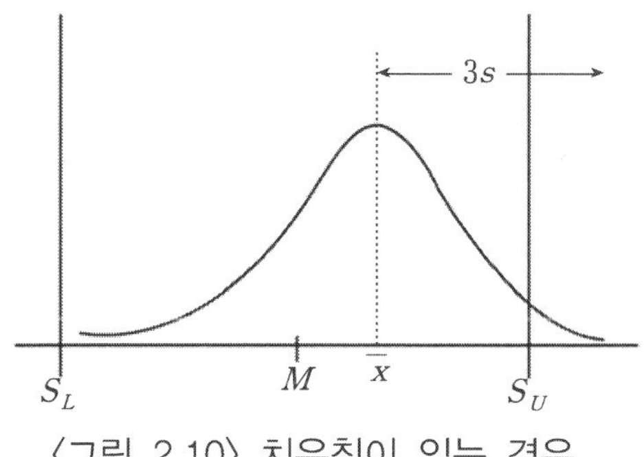

〈그림 2.10〉 치우침이 있는 경우

<그림 2.10>과 같이 $M < \bar{x}$인 경우에는 공정능력지수는

$$C_{pk} = \frac{S_U - \bar{x}}{3s}$$

이고, M > $\bar{x}$ 인 경우에는 이와 반대로

$$C_{pk} = \frac{\bar{x} - S_L}{3s}$$

이다. 따라서, 엄밀히 이야기 한다면 우리가 특정 부위의 특정 치수에 대하여 63 ppm 이하 정도의 불량률을 유지하고 싶다면 $C_p$ = 1.33 이 아니고, $C_{pk}$ = 1.33 이상이 되도록 관리해야 하며, 2700 ppm 이하의 불량률을 유지하고 싶다면, $C_p$ = 1.0 이상이 아니고, $C_{pk}$ = 1.0 이상이 되도록 관리해야 할 것이다.

이상에서 우리는 공정능력지수에 대하여 알아보았는데, 이러한 통계적 방식을 잘 이용한다면 양산공장에서는 상당히 유용한 관리의 도구로서 활용할 수 있을 것이다. 그러나 2.3항에서도 언급하였듯이 반면에 일정한 불량률의 존재를 전제로 하고 있다는 점도 역시 간과해서는 안된다. 따라서 우리가 고객에서 한 개의 불량품이라도 인계하지 않도록 하기 위해서는 설비에 대한 $C_{pk}$ 관리와 같은 통계적 방식 이외에도 여러 가지의 부가적인 불량방지 대책을 수립해야 한다.

이러한 방안으로서 다음과 같은 것들을 생각할 수 있다.

- 양산 초기에 품질관리 실시
- 자주검사의 실시

· FOOL PROOF 장치의 도입
· 자동측정의 적용
· GAGE화
· 조건관리의 실시
· 자주보전의 실시

## 2.7 양산초기의 품질관리

일반적으로 제조공장에서 행해지고 있는 신제품의 개발과정은 다음과 같다.

첫번째, 소비자 요구(customer's need), 시장성, 경제성 및 자사의 생산능력에 따라 제품을 기획하고 개발한다. 두번째, 제품설계 단계를 거쳐서 도면이 나오게 되고, 그 도면에 따라서 시제품을 만들어 시험을 하여 본 다음, 도면이 확정된다. 세번째, 생산기술부서에서 생산공정의 설계, 생산설비의 설치, 시험생산의 과정을 거쳐 양산개시의 승인을 받게 된다. 그러면, 생산부에서는 자재, 공구 등을 갖추어 놓고 양산활동에 돌입하게 된다. 이것이 일반적인 신제품 개발 과정이다.

그러나 이와 같은 일련의 과정에서 우리가 반드시 짚고 넘어가야 할 부분이 있는데, 이것은 바로 '품질특성치의 산포'에 관한 문제이다. 본래 양산활동이라는 것은 5M에 의해 많은 변수의 영향을 받으면서 이루어 지는 것이다. 그런데 이러한 변수들이 양산 초기에는 아직 안정되어 있지 못하므로, 이 때에는 품질의 수준이 일정하지 않고 커다란 변동 폭을 보이게 되는 것이 일반적인 현상이다.

예를 들어보면, 새로운 설비를 설치하고 나서 가동을 해보면, 그 설비는 본래의 성능을 100% 발휘하지 못한다. 원인은 모르겠으나, 일정한 기간이 경과한 뒤에 비로소 완벽하게 성능을 다 발휘하게 되는 경우를 우리는 흔히 경험하였을 것이다(이것은 우리가 승용차를 새로 구입하여 운전을 할 경우에, 자동차가 운전자에게 길이 들 때까지의 과정에서 느끼는 것과도 유사하다.). 이와 같이, 생산설비가 안정되는 데는 어느 정도의 시간이 필요하다. 생산라인에 있는 작업자에 있어서도 마찬가지이다. 생산속도에 있어서나, 정확도에 있어서나, 처음에는 상당히 불안하지만, 시간이 경과함에 따라 점차 안정되어간다. 생산공법, 작업순서, 작업조건도 처음에는 생산기술부가 심사숙고하여 작성을 하였겠지만, 양산을 해 가다보면 반드시 변경 혹은 개정이 따르게 마련이다. 외주부품의 경우도 동일한 이유로 인하여 불안정하기는 마찬가지이다.

이와 같이, 양산의 초기에는 여러 요인들로 인하여 불량이 발생할 가능성이 높으므로 일정 기간(보통 3개월에서 6개월 정도)을 정해 이 기간 동안에는 자주검사, 품질관리검사, 출하검사, 성능시험 등의 횟수를 늘리고, 검사항목도 추가하는 등 엄격하게 관리를 하지 않으면 안된다. 이러한 활동을 '양산 초기의 품질관리' 혹은 '초기유동관리(初期流動管理)'라고 부르기도 한다. 이러한 특별관리 활동을 통해 초기품질을 보증하는 체제를 만들고, 또 그것을 생산활동에 종사하는 전 종업원에게도 선포하여 다같이 동참하도록 해야 한다.

예를 들어, 어떤 기계 부품의 외경치수를 2시간에 1회 '자주검사'하게 지정되어 있다면 이 기간중에는 매 시간마다 1회 검사하게 한다든지, 양산중에는 검사하지 않아도 될 검사항목이라도, 이 기간중에는 검사를 실시한다든지 하는 것이다. 이렇게 하여 일정 기간 경과 후에 생산라인이 안정되었다고 판단되어지면 정상적인 속도로 양산체제에 돌입하는 것이다. 초기유동관리가 필요한 경우는 다음과 같다.

① 신제품 개발시,
② 종래와 설계, 공정, 재료, 설비 등이 변경된 경우,
③ 신제품을 생산하거나, 종래 제품의 생산 라인을 신설하거나 대폭적인 합리화를 한 경우 그리고
④ 외주처나 제조 현장 등을 변경할 경우이다.

이러한 활동은 하루 빨리 생산목표를 달성해야 하고 공수절감을 해야 하는 공장관리자의 입장에서 본다면 상당히 부담스러운 일일 것이다. 그래서 이러한 특별관리체제에는 아예 신경도 쓰지 않거나, 알아도 실행하지 않는 것이 대부분의 현실이다. 그러므로 이러한 체제의 실행은 경영책임자가 전향적인 마음을 가지고 지

시하고 이끌어가지 않으면 안된다. 그래서 '품질경영'이라고 하는 것 아니겠는가? '아, 이 물건은 양산 초기에 나온 물건이니까 이런 정도로 만족하고 사용해야겠다.'고 할 고객은 없다는 점을 생각할 때에, 출고 초기에 고객의 신뢰를 잃지 않기 위해서는 반드시 실시해야 할 제도이다.

## 2.8 자주검사

자주검사(自主檢査)란 앞에서도 잠깐 언급하였지만, 완성품의 품질은 만든 사람이 스스로 보증해야 한다는 개념이다. 완성품의 품질은 완성품이 되기까지 한 공정, 한 공정을 거치는 동안에 조금씩 형성된다. 이러한 과정을 끝내고 완성품이 되었을 때에는, 일반적으로, 이미 그 제품이 거쳤던 전체 과정의 품질을 확인할 수 없게 된다(물론 단순부품의 경우는 그렇지 않은 경우도 있다.). 비록 품질확인이 가능하다 할지라도 그렇게 하기 위해서는 시간이 많이 소요되거나, 많은 비용이 들게 된다. 예를 들면 절단검사나 X-Ray 촬영 등 특수한 검사방법을 마련해야 할 것이다. 이러한 경우에는 일반적으로 많은 시간과 비용이 들게 되는 것이다.

이렇게 본다면, 제품을 만드는 과정 중의 이상유무를 속속들이 가장 잘 알고 간단히 조절할 수 있는 사람은 각 공정에서 직접 물건을 만지면서 작업을 했던 작업자이다. 따라서 작업자 한 사람, 한 사람이 자기가 만든 공정에 대해서 책임을 지고 보증을 한다면 구태여 최종 완성품을 다시 검사하는 낭비(불필요)를 하지 않아도 될 것이다.

이러한 개념을 실현하기 위해서, 작업공정에 여러 계측기 혹은 GAGE 등 검사구를 갖추어 주고, 검사방법도 표준화하여 작업자가 공정 완료시마다 '스스로 자기가 완성한 공정을 주기적으로 검사하고, 그 결과를 기록하게 하여야 하는 것'이다. 이것이 바로 자주검사이다. 간혹 자주검사제도를 도입한다고 하면서 작업자에게 검사를 방임하는 형태로 맡기는 경우를 보게 되는데 이렇게 해서는 안된다.

이와 같이, 작업자 각자가 자기의 다음 공정을 바로 고객으로 생각하고 자기가 작업한 공정에 대해 철저히 검사하여 보증한다는 마음 가짐을 전원이 지니도록 교육하는 것이 필요하다. 아울러서 현장에서는 실수에 의하여 어쩔 수 없이 불량품이 나오더라도 뒷공정에는 절대 흘려보내지 않겠다는 태세를 갖추는 것도 중요하다. 그래서 만일 불량품이 뒷공정에서 한 개라도 발견될 경우에는 반드시 불량품의 '발생원인'과 아울러 '유출원인'도 함께 조사하여 다시는 불량품이 뒷공정까지 흘러 나아가지 않도록 2중 대책을 수립해야 한다.

현장에서 불량이 발생할 경우 대부분은 불량품이 만들어지지 않도록 하는 점에만 중점을 두고 대책을 세우는 경우를 많이 보지만, 모르는 가운데 발생된 불량품이 뒷공정까지 흘러나가지 않도록 하는 점에 대해서도 동시에 대책을 마련하지 않으면, 뒷공정에서도 불량품이 만들어 질 수 있는 것이다.

자주검사의 개념은 생산기술부서가 제조공정을 설계할 때부터 고려되어야 한다. 이 자주검사의 개념에 맞추어서 작업자가 검사해야 할 항목을 지정하고, 또 쉽고, 빠르고, 정확하게 검사할 수 있도록 검사구를 선정하여 설치해 주어야 하며, 검사방법도 고안하여 표준화시켜 주어야 하는 것이다.

## 2.9 FOOL PROOF 장치

이것은 한마디로 실수방지 장치라고 할 수 있다. 일본 사람들은 '뽀까요께'라 부르고 있고, 영어로는 'Fool Proof'장치라고 하며, 한국에서는 'Fool Proof' 혹은 '실수방지장치'라고도 한다. 호칭이야 어찌 되었건, 제조공정 중에서 항상 있게 마련인 사람에 의한 실수를 방지하기 위한 장치이다. <그림 2.11>에서 알 수 있듯이 부주의, 착각 등 잠깐 실수가 원인이 되어 품질, 설비, 안전상에 문제가 발생하게 된다. 즉 Fool Proof 장치는 실수가 발생하지 않도록, 또는 실수가 생기더라도 곧 알 수 있도록 하는 구체적이고 기계적인 방지책이다.

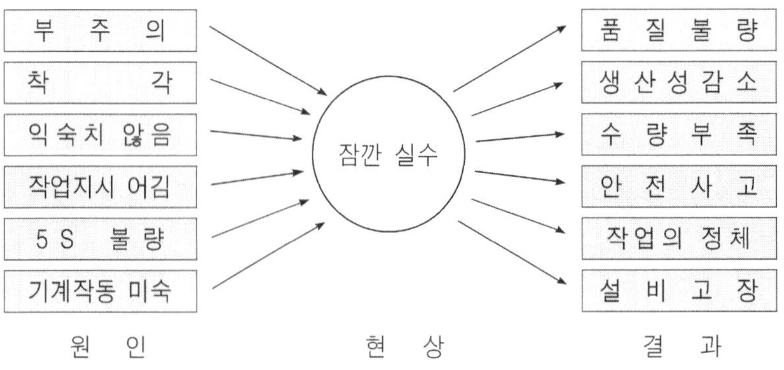


〈그림 2.11〉 실수의 원인과 결과

Fool Proof 장치란 '사람의 실수를 방지하기 위하여 센서를 설비에 설치하여 사람에 의한 실수가 발생하더라도 자동적으로 실수가 감지되도록 하거나, 기계에 inter-lock이 걸리게 하거나, 혹은 불량품이 다음 공정으로 유출될 경우 자동으로 라인이 정지되도록 하는 등의 시스템화된 장치'인 것이다. 이러한 Fool Proof 장치는 제품의 불량품 감지 및 노동재해 방지뿐만 아니라 일단 설치만 되면 검사시간이 증가하지 않아도 제품에 대한 전수보증이 가능한 유형적 이점과 세세한 주의력이 불필요하게 되는 것, 트러블 발생시의 뒷처리 업무가 필요 없는 것 등의 무형적 이점도 있다.

우리가 흔히 알 수 있는 예로서 엔진 조립라인을 보도록 하겠다. 엔진에는 많은 볼트들이 조립되지만, 이 볼트 하나 하나가 가혹한 사용조건 하에서 견뎌야 하기 때문에 볼트의 조임 torque는 매우 중요하다. 따라서 torque wrench에 torque 감지센서를 부착하여 규정 torque를 초과 또는 미달하여 조일 경우에는 경보기가 작동되게 하여 작업자가 알게 한다든가, 아니면 작업 컨베이어 상의 엔진 고정용 Clamp가 풀리지 않게하여 다음 공정으로의 이행이 불가능하게 할 수도 있다. 이와 같이 간단히 실수를 방지할 수 있는 Fool Proof 장치에 대한 예가 <그림 2.12>에 나와 있다.

이러한 개념은 통계적 품질관리나 공정관리로는 보증할 수 없는 부분에 대한 품질보증 노력에서 출발한 것으로서 철저히 고객지향적인 철학을 바탕에 깔고 있다. 그런데, 이와 같은 Fool Proof 장치는 간단히 조직원의 아이디어에 의해 설치할 수도 있으나,

상황에 따라서는 아이디어를 내기도 힘들고, 또 아이디어가 있더라도 여러 가지 센서와 기계적 작동을 함께 고려해서 제작해야 하므로 설치가 어려울 경우가 있다. 그래서 대부분의 공장관리자들은 이러한 경우에 직면하게 되면, '사람이 철저히 잘하면 되겠지.'하고 포기하는 경우가 많다. 그러나, 앞에서도 말하였지만 사람이란 전혀 뜻밖의 실수를 하게 마련이고, 이러한 실수가 천 번 중 한 번이라도 생긴다면 1000 ppm의 불량이 되는 것이며, 여러 공정에서 각각 다른 작업자가 똑같은 확률의 실수를 한다면 이러한 것들이 누적되어 공장 전체적으로는 상당한 불량률을 기록하게 될 것이다.

특히, 중요한 공정(예를 들면, 인명에 관련되어 기능하는 부품을 조립하는 보안작업공정)에 대해서는 투자 비용이 증가되더라도, 반드시 Fool Proof 장치를 도입하여야 한다. 또한 설비투자의 초기단계에서 이러한 개념을 도입하여 설비사양을 정한다면, Fool Proof 장치의 설치도 용이하고 비용도 적게 들게 될 것이다. 이러한 비용을 아끼려고 하다가, 만일 소비자가 사용중 인명사고라도 발생할 경우에는, 리콜비용 등 처리비용이 Fool Proof 투자비용의 몇 십 배 또는 몇 백 배가 들게되는 경우도 있는 것이다.

Fool Proof 장치 응용의 착안점 몇 가지 예를 들어본다면,

① 기계적 응용 : 구멍, Pin, Chute, Guide, Slide

② 전기적 응용 : Photo sensor, 근접sensor, Limit switch, Touch sensor

③ 감각적 응용 : 색별, 깃발, 형상, Yellow-Marking 등을 이용하는 방법이다.

참고로 실수의 형태와 각각의 예는 다음과 같다.

(1) 깜박 실수
- 무심코 잊어버려서 일어나는 실수
- 예 : 차단기를 내리는 것을 잊음

(2) 착각 실수
- 성급하거나 착각이 일어나서 하는 실수
- 예 : 자동차에서 클러치를 밟는다는 것을 브레이크를 밟는 것

(3) 언뜻 실수
- 못보고 넘긴다거나 언뜻 보기만 해서 틀리는 실수
- 예 : 천원짜리를 오천원짜리로 착각

(4) 아마추어 실수
- 잘 모르는 업무나 어설프게 업무를 행하면서 하는 실수
- 예 : 어슴푸레한 기억으로 작업힐 때의 실수

(5) 제멋대로 실수
- 이 정도민 괜찮을 것으로 생각하고 규칙을 무시하여 발생하는 실수

- 예 : 빨간 신호 등을 무시하고 길을 건너기

(6) 어처구니 없는 실수
- 자신도 어떻게 해서 이렇게 되었는지 알 수 없이 어처구니 없이 발생한 실수
- 예 : 빨간 신호등인데 무심코 길을 건너는 것

(7) 굼뜬 실수
- 판단이 늦어서 반응이나 동작이 무디어서 발생하는 실수

(8) 오동작 실수
- 예기된 움직임이 없이 잘못 작동하여 발생하는 실수

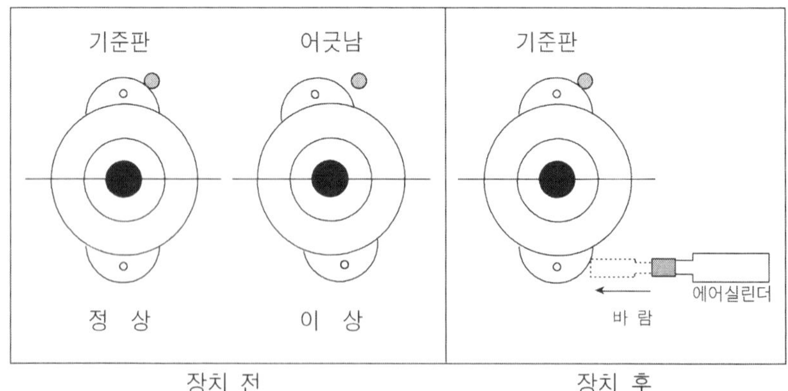


〈그림 2.12〉 Fool Proof 장치의 예

## 2.10 자동측정장치

자동측정장치란 생산설비에 측정장치를 부착하여 생산공정중에 혹은 생산종료 후에, 가공된 제품의 특성치를 생산설비가 스스로 검사하여, 공정중의 상태를 파악하거나 불량품이 뒷공정으로 유출되는 것을 방지하도록 하는 것이다.

검사를 자주검사에만 의존할 경우에는 검사공수(Man-Hour) 증가의 문제, 피로도 증가의 문제 등이 발생하기 때문에, 100% 전수검사를 실시한다는 것은 보통 어려운 문제가 아니다. 경우에 따라서는 검사를 빠뜨리거나, 착오를 일으킬 수도 있기 때문에, 이를 방지하기 위하여 설비에 계측장치를 붙여서 자동으로 검사가 이루어 지도록 하는 것이다. 그러나, 설비가 스스로 제품을 검사한다는 것은 한계가 있으므로, 이러한 개념을 모든 검사, 측정분야에 적용할 수는 없다. 다만, 현재의 기술수준에서 응용이 가능한 기술은 최대한 적용하여, 사람 대신 측정장치가 검사역할을 수행하도록 하는 것이다.

특히, 소비자의 인명에 영향을 끼치는 중요한 공정에 대해서는 앞에서 이야기 한 Fool Proof 장치와 더불어서 가능한 한 자동검사장치를 설치하여 전수보증의 개념으로 임해야 된다. 그렇게 해서, 불량품이 한 개라도 발생할 경우에는 기계가 자동으로 멈추어 지도록 하거나, 생산중에 기계가 스스로 불량품을 선별하여 불량품이 생산라인에서 격리되도록 하는 것이다.

자동측정 장치의 도입은 최근 생산설비의 자동화와 더불어 점차 증가되고 있는 추세이지만, 아직까지는 설비투자 검토시에 소홀히 다루어지고 있는 것이 현실이다. 왜냐하면 자동화설비 투자 검토시에는 자동화에 따른 투자 비용과 생산작업공수의 절감 효과와 생산성 향상 효과만을 산출해 본 뒤에 자동화투자 여부를 결정하는 것이 일반적인 경향이기 때문이다. 그러나 자동화 개조를 실시한 설비에서 불량이 발생될 경우에(특히, 불량이 발생된 공정이 인명에 관련된 보안공정이라면), 비록 한 개의 불량품이 출하되었다 할지라도 출고된 상품 전체를 점검, 또는 교환해야 하는 일이 실제로 종종 일어나고 있다.

이러한 문제를 당하게 될 경우, 일반적으로 공장관리자는 설비를 감시할 사람을 선발하여 기계에 고정 배치한 후 설비의 작동상황을 항상 감시하도록 조치한다. 그러나 그렇게 한다면 사람을 줄인다는 자동화의 목적과 거리가 멀기에 애써 비싼 돈을 들여서 자동화 설비를 도입한 것이 아무런 의미가 없게 될 것이다. 따라서 생산라인에서 사람을 줄이기 위하여 자동화를 추진한다면, 반드시 자동측정장치도 동시에 반영하여 설치하도록 한다.

이러한 자동측정의 개념 역시 통계적 품질관리로는 보증할 수 없는 불량 확률까지 완벽하게 보증코자하는 수단의 일환이라고 볼 수 있다. 자동측정장치의 예로

① Air Micrometer 의 응용
② 전기 Micrometer의 응용
③ Load Cell 의 응용

등을 생각해 볼 수 있다.

## 2.11 GAGE 사용

앞의 2.8절에서 자주검사의 사상에 대하여 이야기 하였지만, 자주검사가 현장에서 잘 실시되도록 하기 위해서 기술자들이 해야 할 것이 바로 '치수 측정방법의 Gage화'이다. 여기서 Gage란 측정중에 움직이는 부분을 갖지 않는 측정구를 의미한다. 물론, 치수 측정의 기본은 Micro Meter 또는 Vernier Calipers 등과 같은 계측기를 사용하는 것이다. 그러나 이러한 계측기의 사용은 다음과 같은 이유로 생산현장에서는 오히려 바람직하지 않을 수 있다.

① 계측기라는 것은 대부분 상당히 정밀한 구조로 만들어져 있다. 따라서 정확히 사용하기 위해서는 사용자가 어느 정도는 숙달되어야 한다.

② 숙달되었더라도 현장의 사용조건(먼지, 이물질, 기름 등의 오염상태)에 따라 오차를 쉽게 일으키며, 사용중의 조그마한 충격이나 진동에 의해서도 오차가 생긴다.

③ 계측기에 따라서는 복잡한 눈금에 의해 판독오차를 일으키기도 한다. 따라서, 정확히 판독하기 위해서는 어느 정도의 시간이 필요하고, 경우에 따라 이것이 생산속도의 저해요인이 되기도 한다.

④ 사용수명에 비해 가격이 대체로 고가라는 약점이 있다.

따라서, 계측기류는 생산라인의 작업자들이 작업중에 사용하기보다는, 품질관리부서의 사람들이 측정실과 같은 별도의 장소에서 사용하는 것이 바람직하다. 그러나 생산라인 작업자의 입장에서 보면 자기가 만든 물건은 본인이 스스로 자주검사를 실시하여, 뒷공정에 대한 품질보증을 하여야 한다. 따라서 위에서 이야기 한 계측기의 여러 가지 단점을 보완하면서 신속, 정확하게 검사하기 위한 방안으로서 '검사구는 가능한 Gage화하여 사용한다'는 것이다. 이렇게 하여 준비된 Gage를 생산라인 작업자 앞에 배치해 주어서, 작업자가 스스로 간편하고, 신속하게 판정하도록 한다.

이러한 일은 자주검사의 사상을 바탕으로 하여, 생산기술부서가 공정설계 단계부터 공정구성에 반영해야 하며, 추후 양산에 적용해 나가면서 발견되는 미진한 부분이나, 개선제안에 의한 신규 제작 등에 대해서는 제조부의 기술자들이 현장개선 차원에서 해야 할 것이다. 다시 강조하자면, Gage는 '측정용'이 아니고 '판정용'이라는 것이고, 현장작업에는 간단 명료한 판정용이 훨씬 효율적이라는 것이다.

Gage 사용 예로는 다음과 같은 것들이 있다.

① Plug Gage : 구멍의 검사용(원통형,판형)
② 봉 Gage : 구멍의 검사용
③ Ring Gage : 축 검사용

④ Snap Gage : 축 검사용(C형,양구형,편구형)
⑤ Location Gage : 위치 검사용

## 2.12 조건관리

우리는 제조공장에서 만드는 물건에 대해 여러 가지 수단과 방법을 고안하여 품질을 확인하고 있지만, 일상적인 방법으로는 품질확인이 불가능하거나 곤란한 경우를 종종 겪게 된다. 예를 들면, 용접, 열처리, 주조, 단조, 사출 등과 같은 공정을 거쳐 생산된 제품이 이에 속한다. 이러한 공정을 거친 제품에 대하여 품질을 확인하는 방법은 절단하여 내부의 결함 유무를 눈으로 확인하거나, 현미경 등으로 관찰하거나 하는 것이지만, 그렇다고 품질보증을 위하여 제품전체를 절단하여 검사하는 것은 불가능하다.

따라서 이 경우에 우리는 통상적으로 몇 개의 샘플을 랜덤으로 채취하여 절단검사하고 그 결과로 절단하지 않은 나머지 물건을 판정하는 것이 상례이다. 그런데 이러한 판정이 객관적인 신뢰성을 갖기 위해서는 반드시 나머지 물건들도 샘플된 제품과 동일한 조건(예를 들면, 동일한 온도, 동일한 전압, 동일한 사출압력, 동일한 유량 등) 하에서 만들어졌다는 전제가 있어야 하는 것이다.

즉, 이러한 특수공정에 있어서는 작업조건(온도, 전류, 압력, 유량 등)의 엄격한 관리가 무엇보다 중요한 것이다. 이를 '조건관리'라고 부른다. 현장의 관리, 감독자들은 이러한 조건관리를 철저히 실시하여 항상 작업조건이 일정하게 유지되도록 점검하고 조정해야 한다.

현장에서 우리가 조건관리를 실시하는 데 있어서 자칫 실수하기 쉬운 부분이 있다. 그것은 '조건관리를 위해 표시한 계기들(압력계, 온도계, 전류계, 유량계 등)에 속기 쉽다.'는 것이다. 모든 계기란 것은 항상 사용중에 오차가 생기게 마련이다. 그런데 작업현장에서는 오차가 발생돼도 그것을 감지하기가 일반적으로 쉽지 않다. 따라서 이런 상태에서 계기만 믿고 작업을 수행할 경우 다량의 로트성 불량이 생길 수가 있는 것이다. 현장관리자는 이러한 오차에 의한 실수가 생기지 않도록 계기에 대해 정기적으로 '계량관리'를 실시하여, 보정을 행하도록 하는 체제를 갖추어야 한다. 이것이 QCD를 만족시키기 위한 5M의 마지막인 측정(Measurement)이다.

조건관리 공정에서 불량 등의 문제가 발생해서 원인을 추적하다 보면, 조건관리 자체는 잘 실시되어 있는데, 계기 자체에 오차가 발생하여 전혀 다른 조건에서 생산이 이루어 졌던 것을 발견하는 경우가 많다. 대개 조건관리를 필요로 하는 특수공정들은 자칫하면 다량의 불량을 내거나 또는 인명에 관련된 문제를 일으키기 쉽기 때문에 특히 주의해야 할 것이다. 이러한 조건관리의 개념 역시 샘플링 방식으로서 전체를 판단하려는 통계적 사고방식의 약점을 보완하기 위한 또 하나의 방편이다.

## 2.13 자주보전

이번에는 제조설비의 보전에 대한 사고방식인 자주보전의 개념에 대하여 알아보도록 하자. 앞에서도 간단히 언급을 했지만, 자주보전이란 자주검사의 개념과 동일한 맥락으로서 설비를 다루는 작업자가 자신의 설비에 대해서는 공장 내의 누구보다도 잘 알고 자신이 책임진다는 개념에서 출발하는 것이다.

물론 설비의 작동에 대한 기술적이고 구조적인 면에 대해서는 보전부서 담당자가 생산작업자보다는 월등히 잘 알고 있을 것이다. 그러나 설비를 사용하면서 나타나는 여러 증상들(설비의 작동음, 진동, 냄새 등)과 이와 같은 증상에 따라 나타나게 되는 설비의 미세한 변동에 대한 감각은 그 설비를 다루고 있는 작업자가 가장 잘 알고 있을 것이다. 이것은 마치 우리가 자신의 승용차를 운행하면서 자기 차에 관한 한 자기만큼 잘 느끼는 사람이 없다고 생각하는 것과도 같은 이치일 것이다.

설비보전의 개념은 고장난 후에 고친나는 기존의 사후보전(Breakdown Maintenance)의 사고방식에서 출발하여, 고장나기 전에 미리 예방한다는 예방보전(Preventive Maintenance)의 개념을 거쳐, 생산활동을 멈추지 않으면서 보전을 한다는 생산보전(Productive Maintenance)의 개념으로 발전해 왔다. 그리고 최근에는 설비의 취약 부분을 개선하여 고장이 나지 않도록 해 보자는 개량보전(Corrective Maintenance)과 설비가 시작될 때부터 아예 보전이 필요없게 만들어 보자는 보전예방(Maintenance Prevention) 개념으로까지 발전하였는데, 결국은 생산보전이 궁극적인 목적일 것이다.

생산보전의 개념은 생산공장에서는 매우 중요한 의미를 지니는 것이다. 낭비와 불필요가 제거된 Slim화된 공장에서, 특히 다품종 소량생산체제를 유지해야 하는 기업체에서, 설비고장은 생산흐름에 치명타가 된다. 왜냐하면 Slim화된 공장이란 안전재고(기계고장 등과 같은 돌발사고에 대비하여 보유하는 일종의 과잉재고)를 최소한으로 보유하는 공장이기 때문에, 설비고장시를 대비하여 비축하는 재고는 거의 없다. 결국 고장이 발생할 경우에는 생산 흐름이 끊어지게 된다. 따라서 생산활동을 중단시키시 않으면서 설비를 보전하는 생산보전의 개념이 필요하게 되고, 이러한 생산보전을 실시하기 위해서는 자주보전체제가 먼저 정착되어 있어야 하는 것이다.

기계란 것은 으레 고장나는 것이고 또 고장나면 고치면 된다는 생각에서 탈피하여, 기계란 절대로 고장나서는 안된다는 의식을 현장작업자에게 전파하여 '내 기계는 내가 책임지고 고장나지 않게 평소에 관리한다.'라는 자주보전의 습관을 체질화시켜야 한다. 일부 기업체에서는 이를 'My-Machine'이라 하여 작업자와 기계 간에 자주보전 관계를 형성시키고 있다.

한사람 한사람의 의식이 중요하다.

그러나 자주보전을 추진하고 있는 기업체 중에 이것이 효율적으로 실행되지 않는다고 호소하는 기업이 있다. 일반적으로 자주보전이 잘되지 않는 이유는 다음과 같다.

① 종업원들의 관찰의욕이 부족하다.
② 관찰이 가능하도록 하는 공장의 환경조건이 잘 안되어 있다(이것은 공장경영자나 관리자들이 자주보전에 대한 확고한 실천의지가 부족하기 때문에 발생한다.).
③ 종업원들의 관찰능력이 부족하다.

이를 극복하기 위해서는, 공장관리자는 종업원들에게 다음과 같은 것들을 먼저 제공하고, 점차적으로 자주보전을 공장 내에 확산시키는  것이 바람직하다.

① 설비마다 간단한 설비 점검구와 정비용 공구, 부자재 등을 비치시켜 준다.
② 일상점검 요령 등을 표준화하여 작업자로 하여금 주기적으로 설비를 점검케 하고 그 결과를 기록하도록 한다.
③ 간단한 윤활유의 주입요령 등을 교육하여 경정비 정도는 작업자 스스로가 실시할 수 있도록 한다.
④ 현장에서 작업자가 설비를 관리할 때, 중요한 부분이 정상인지 이상 상태인지 판단할 수 있는 기준을 정해 준다. 즉, 종업원의 주관에 의한 판단(내 느낌으로는 좀 이상한데! 아냐,

내 경험으로는 정상이야!)을 배제하도록 일정한 정략적 기준을 설정한다.

참고로 생산현장에서 작업자가 자주보전을 위하여 일상적으로 점검해야 할 이상징후는 다음과 같은 것들이 있을 것이다.

① 발열 : 기계작동부에 비정상적인 온도상승은 없는가?

② 풀림 : 기계연결부에 헐거워짐은 없는가?

③ 이음 : 평소에 나는 소리 외에 이상한 소리가 나지 않는가?

④ 떨림 : 기계의 회전부에 비정상적인 떨림이 있지 않는가?

⑤ 과부하 : 기계작동중에 비정상적으로 부하가 걸리지는 않는가?

⑥ 마모 : 기계의 스라이드 부위에 이상마모는 없는가?

⑦ 샘 : 기계작동유, 윤활유 등이 새어나오거나, 배어 들어가는 곳은 없는가?

생산성 저하
고장 손실
일시정지 손실
불량 손실
관찰의욕 부족
관찰가능 환경 나쁨
관찰능력 부족

# 제3장
# 현장에서의 생산관리 사상들

## 3.1 JIT 생산방식

JIT(Just In Time) 생산방식은(국내에서는 '적기생산방식'으로 부르기도 함) 이미 전 세계적으로 잘 알려진 TOYOTA 자동차의 생산방식이므로, 자세한 언급은 생략하도록 한다. 그러나 흔히 우리가 JIT에 관하여 공장관리자들과 이야기 할 때에 보면, JIT 활용현장에 사용되고 있는 여러 보조기법(예를 들면, 간판방식이나 뒷공정인수방식 등)에만 관심을 두고 있어, 때로는 JIT의 핵심사상에 관한 것에는 소홀히 하고 있는 것은 아닌가 하는 느낌이 들기도 한다. JIT의 핵심사상을 간단히 이야기 한다면,

"필요한 물건을,
필요한 때에,
필요한 만큼만 생산하고,
필요한 만큼만의 재고를 지닌다."

는 사고 방식이다.

이 단순한 사고방식을 실천하기 위해 여러 가지 보조 수단이 필요하다. 그러나 '필요한 물건을, 필요한 때에, 필요한 만큼만 생산하고, 필요한 만큼만의 재고를 지닌다.'는 것을 실현하려기 위해 구태여 TOYOTA 자동차에서 실시하고 있는 관리방식을 그대로 채용하지 않아도 된다. 오히려 자기 공장의 실정에 맞는 관리

기법을 개발하여 응용하는 것이 바람직할 것이다. (물론 이러한 관리기법을 찾아내어 정착시키는 데는 적지 않은 시간과 시행착오가 따르기도 하지만 지속적인 개선에 의하여 가능할 것이다.)

<그림 3.1>은 재고에 대한 전통적인 인식과 JIT 사상을 도입함으로써 개선된 현상을 나타내고 있다. 전통적인 인식에 의하면, 기업들은 제조공정이 불안정하고 공급자들을 신뢰할 수 없기 때문에 재고를 하나의 안전변(safety valve)으로 삼아 왔다. 이런 상황에서는 여러 가지 문제점이나 위험 요소가 감추어져 있게 된다. 그러나 JIT 생산방식 사상을 도입하여 재고가 조금씩 감소됨에 따라 공정과 시스템상의 문제점들이 속속 노출되고, 노출된 문제점들이 즉각 해결되어짐에 따라 공장의 효율성이 상승되며 기업의 경쟁력이 높아지게 되는 것이다.

우리 나라 현실에서 지금 당장 TOYOTA의 JIT 생산방식을 그대로 적용하기는 어려움이 많을 것이다. JIT 생산방식을 추진하기 위해서는, 자체공장의 관리수준이 우선 높은 수준으로 올라가야 하겠고, 아울러서 협력업체도 함께 Level-Up 되지 않으면 실현이 불가능하다. 따라서 처음부터 무리하게 적용하려 한다면 대부분 실패하기 마련이므로, 먼저 전 종업원이 JIT 생산방식에 대한 기본 사상을 인식해야 하고 이를 추진하기 위하여 종업원들의 사상통일이 이루어 져야 한다. 즉 JIT 생산방식은 과잉생산 및 과잉재고의 낭비(loss)를 없앤다는 사상에 뿌리를 두고 있는 것이므로, 현

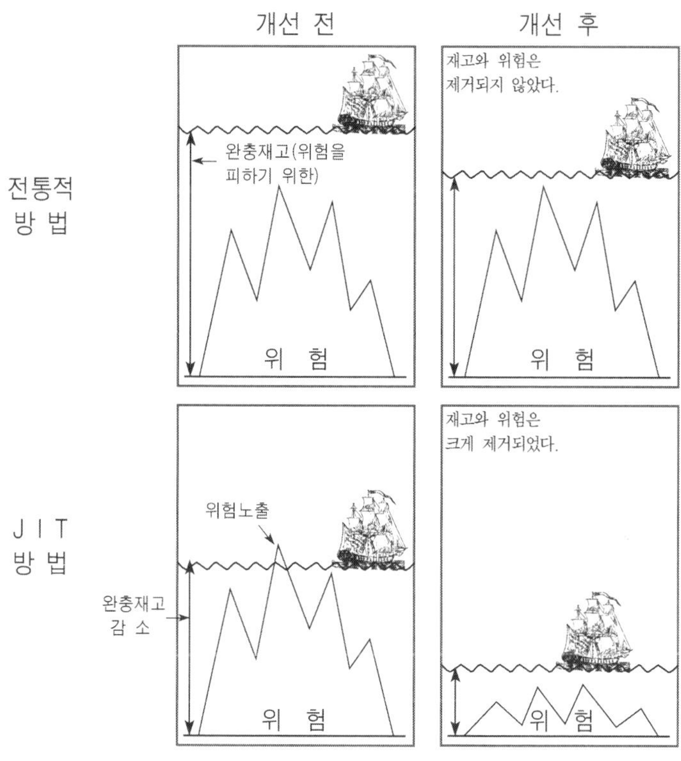


〈그림 3.1〉 JIT방법 도입에 의한 개선 사항

장 근무자들이 항상 지니고 있어야 하는, 가장 기본적인 사상임을 전원이 깨닫는 것부터 출발하여야 할 것이다

그런 다음, 단계별 실행계획을 수립하고, 거기에 알맞는 보조기법을 단계별로 응용하면서 시행하도록 한다. 이렇게 해야 큰

무리없이 진행될 것이며, 계획대로 진행되어 간다고 해도, 정착되기까지는 수년(공장의 규모, 업종에 따라서는 10년 이상)이 소요될 것이다. 즉 JIT 생산방식은 공장 내에서의 혁신(innovation)이 아니고, 지속적인 개선(continuous improvement)에 의하여 성취될 수 있다는 것을 인식하고 추진하여야 한다.

## 3.2 재고 ZERO

우리는 공장을 관리하다 보면 여유재고 또는 안전재고 등과 같은 용어를 흔히 접하게 된다. 이것은 공장에 뜻하지 않은 상태가 발생하게 되는 경우, 다음 공정 또는 고객에게 약속한 납기를 지키기 위하여 여분의 재고를 비축해 두고 있는 것을 뜻한다. 이것은 고객의 생산계획에 지장을 주지 않기 위한 방안으로써 타당성있는 생각이며, 반드시 필요한 것이기도 하다.

그러나 문제는 그 '양'이다. 이 비축 재고량을 너무 많이 산정하여 쌓아 놓을 경우, 다음 절(3.3)인 흐름작업의 개념에서 따로 설명하겠지만, 공정관리상에 여러 가지 부작용이 발생하게 되며, 물건 자체에 있어서는 장기 보관에 따른 녹발생과 같은 문제도 생기게 된다. 또한 제품의 변형, 화학적 변화와 같은 것도 예상할 수 있다. 따라서, 이러한 문제를 방지하기 위해 별도의 보관장소,

심지어는 보관창고도 있어야 하고, 이에 따라 별도의 관리공수도 필요하게 된다. 조명비용이나 난방비용가 같은 에너지비용과, 금융비용도 발생하고 또한 관리자들에게는 관리항목도 늘어나 피곤하게 된다.

따라서 재고란 적으면 적을수록, 극단적으로 말해서 Zero로 유지할 수 있다면 가장 좋을 것이다. 그러나 재고를 Zero화 한다는 것 자체에만 집착하여 무리하게 공장을 운영하다가는 고객에 대한 납기를 지키지 못하는 사태가 발생할 수도 있다. 따라서 재고는 뒷공정에 피해를 주지 않는 범위 내에서는 최소한의 적정 수량을 보유해야 하는데, 이러한 재고의 최소 적정 수량을 정확히 산정하기 위해서는 자기공정의 관리능력과 고객의 상황을 함께 감안해야 한다.

먼저 재고는 크게 재공재고와 완성재고로 구분되며, 재공재고는 생산라인 내에서 가공중인 재고를, 완성재고는 가공이 완료되어 출하 대기중인 재고를 나타낸다. 또한 각각에 대한 최소 적정 재고 수량은 다음과 같이 결정된다.

재공재고 수량 = 가공중인 물건(1개) + 표준재공
완성재고 수량 = 자기공정의 Lead Time 내에 뒷공정에서 소모되는 수량 + 여유재고

여기서
표준재공 ; 공정간 흐름연결을 위한 보유분으로 자기공정의 관리능력에 따라 가감한다(보통 5개 이내).
여유재고 ; 뒷공정 및 자기공정의 돌발상황에 따른 보유량으로 공장 전체의 안정도에 따라 가감.
Lead Time ; 자기공정 정미가공시간과 대기시간.
대기시간 ; 뒷공정 정보전달 시간, 작업준비시간, 검사시간, 출하준비시간, 뒷공정까지 운반시간 등.

이와 같이, 현실에 맞는 최소한의 적정 재고보유량은 고객의 상황 및 자기공정의 상황에 따라 수시로 바꾸어야 한다. 한 번 정해진 재고보유량을 무리하게 고수해서는 안된다. 상황이 안좋게 전개되고 있는 생산라인의 경우에는 재고보유량을 늘려서 관리해야 하고, 그 반대의 경우에는 재고보유량을 감소시켜 Zero에 가까운 쪽으로 조정해야 할 것이다. 그렇게 하여 필요 이상의 과잉재고는 Zero가 되도록 공정을 개선하고 관리해 나가야 한다. 이러한 일에 관리자의 능력을 발휘해야 하는 것이다.

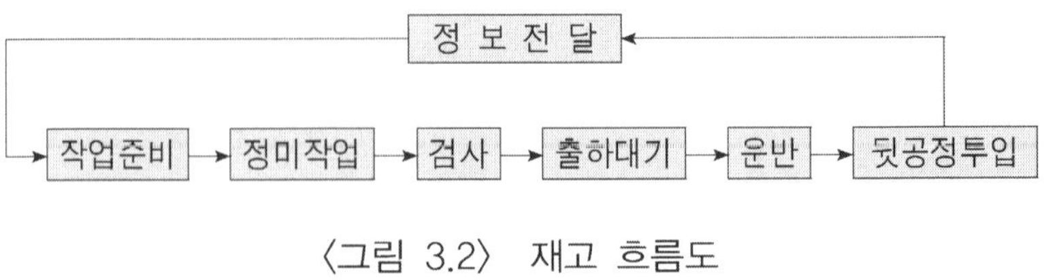


〈그림 3.2〉 재고 흐름도

## 3.3 흐름작업

흐름작업이란 '생산현장의 작업공정간에 재료의 이동이 물 흐르듯이 자연스럽게 흐르는 상태를 의미하는 것'으로 일명 '한개흘리기'이다. '이것이 무엇때문에 중요한가?'하고 의문을 품을 수 있겠지만, 이것이 잘 되어지지 않으면 필요한 때에, 필요한 물건을, 필요한 만큼만 만들겠다는 공장관리의 목표는 처음부터 불가능하게 된다. 따라서, 현장관리 수준의 고도화를 위해서는 반드시 흐름작업이 이루어 져야 하는데 이를 실현하기 위한 핵심이 바로 한개흘리기이다.

한개흘리기란 각각의 공정중에서는 한 개의 재료만이 있는 상태로 공정이 연결되어 흘러야 하며, 그 이상의 재료가 있어서는 안된다는 사상이다. 그러나 실제 현장에서는 표준재공 수량만큼은 재고를 허용하는 것이 바람직하며, 이것 또한 흐름작업으로 간주한다.

한개흘리기를 해야 하는 이유는 다음과 같다.

(1) Lot 작업을 하면 과잉재고의 Zero화가 현실적으로 불가능해 진다. 가공품이 무더기로 흐르게 되므로 표준재공 수량이 유지되지 않고, 따라서 생산라인의 전·뒷공정 간에 균형은 깨어지게 되며, 그 결과로 불필요한 과잉재고가 발생하게 된다.

(2) 이상 현상이 발생할 경우에 재료의 손실을 최소화하기 위한 것으로, 문제 발생시 해당 공정에 있는 재료뿐만 아니고 이미 전·뒷공정에 투입된 재료까지 감안한다면, 각 공정에 다량의 재고를 가지고 있을수록, 그만큼 전체공정의 불량갯수는 급격히 늘어나게 될 것이다.

(3) 한 개씩의 재료가 공정중 있다면 이상발생시 생산라인중에 여분의 완충재고가 없으므로 라인은 곧 정지하게 되고, 따라서 문제가 즉시 드러나게 되므로 관련자들은 이 문제를 해결하기 위하여 동시에 긴급하게 노력을 기울이게 된다. 따라서 즉시 조치가 가능해 진다.

예를 들어, 어느 한 공정에 이상이 발생하여 기계가 멈추었을 경우, 그 공정에 재공재고가 수북히 쌓여있다면, 우선 뒷공정의 연결에는 문제가 없다. 그러다 보면 그 문제를 고치려는 노력도 자연히 느려지게 된다. 이렇게 하다가는 자칫 문제해결의 timing을 놓쳐 납기를 못지키게 되는 경우도 발생할 수 있고, 더욱 중요한 것은 공장 전체의 마음가짐이 해이해지는 것이다. 이러한 분위기가 계속될 경우 이상조치에 앞서 부서간의 책임소재부터 따지려 들고, 업무소관부터 챙기려 하며, 보고는 가능한 천천히 하려 하는 등 심각한 폐해가 생기는 것이다.

(4) 작업분배의 불균일을 쉽게 알 수 있다. 가공품이 한 개씩

흐르게 되므로 작업이 빨리 끝난 공정의 작업자는 앞공정에서 다음 가공물이 넘어올 때까지 가만히 서서 기다리게 된다. 그렇게 되면 앞·뒤 공정간의 작업균형이 맞지 않다는 것이 곧 눈에 띄게 되므로 관리자는 작업시간 분배의 재조정에 착수하게 된다.

(5) 무더기흐름(Lot 작업)의 경우에는 공정누락의 불량이 발생하기 쉽다.

엔진 부품조립 라인에서 볼트를 조립하는 경우를 가정해 보자. 이런 경우, Lot 작업이므로 작업자는 우선 10개의 부품을 늘어 놓은 후 10개의 구멍에 10개의 볼트를 차례대로 끼울 것이다. 그 다음은 10개의 워셔를 또 차례대로 채울 것이다. 그 다음은 10개의 너트를 차례대로 채우게 될 것이다. 이런 식으로 일을 하다보면 10개의 워셔 중에 한 개 정도 빠뜨리는 일이 종종 발생하거나, 또는 반대로 1개의 워셔만 채워야 할 것을 2개를 채우기도 한다.

이러한 것은 일상생활중에서도 유사한 경험을 한다. 여러 개를 늘어놓고 한꺼번에 채우는 것이 속도면에서는 빠를지 모르나, 앞에서 말한 바와 같이 조립 누락의 불량이 발생하기 쉽다. 그래서 처음에는 다소 불편하고 효율이 떨어지더라도 한 개씩 흘리는 것이 궁극적으로는 더 효율적인 것이다. 조립누락이 발생할 경우 흔히 '한 두 개 정도야 발생할 수도 있는 것이 아닌가' 하고 생각하기 쉽다. 그러나 문제는 그 한 두 개를 찾아내는 데에 드는 비용이 매우 크다는 것에 있다.

(6) 각 공정 내에 재공재고가 수북이 쌓여 있을 경우, 공정이 혼란스러워진다. 수정대기 부품과 완성품이 섞일 수도 있고, 양품과 불량품도 서로 섞이기 쉽다. 또 검사완료품과 검사대기품이 서로 섞일 수도 있다. 이러다 보면 뒷공정으로 이상품이 유출되어 고객공정에서 문제를 일으키기도 한다.

(7) 5S(4장에서 논함) 측면에서도 좋지 않고, 이렇게 되면 눈으로 보는 관리도 안되며, 3불 중에 불균일도 생기기 쉽다.

이상에서 살펴본 바와 같이, 우리는 반드시 한개흘리기를 통해서 공정 전체의 작업 흐름을 관리하고 조정을 해야 한다. 이것이 될 때에 비로소 불필요한 과잉재고 없이도 생산라인을 원하는 때에 자유자재로 유연하게 운영할 수 있게 되고, 그렇게 될 때에야 비로소 차종별, 모델별로 고객(또는, 뒷공정)의 요구에 따라 '필요한 때에, 필요한 물건을, 필요한 만큼만 만들어 공급한다.'는 다품종 소량생산의 기초가 다져질 수 있는 것이다.

## 3.4 평준화 생산

평준화 생산의 개념은 다품종 소량생산을 실시하기 위한 필수 조건이다. 한 개의 생산라인에서 여러 가지 품종의 제품을 생산할 경우(예로서 A, B, C 3품종) 흔히 우리는 A 품종을 먼저 시작하여 생산목표수량을 전부 끝낸 다음, 그 다음은 B를 전부 생산하고, 그 다음은 C를 모두 생산하는 방식을 택하게 된다.

이렇게 할 때에 가장 큰 문제점은 다량의 과잉재고를 가지고 있어야 한다는 점이다. 왜냐하면 A 품종을 먼저 생산한 경우에, 다시 A 품종의 생산차례가 돌아오려면 B와 C의 생산을 다 마쳐야만 한다. 그러면 B와 C를 생산하고 있는 동안에 고객에게 A 품종을 계속 공급해 주기 위해서는 'B와 C의 생산시간 + A의 Lead

Time'의 시간 동안에 고객이 필요로 하는 만큼의 재고를 지니고 있어야 한다. 이러한 재고수량은 앞공정(예를 들면, 가공공정, 소재생산공정, 부품제조공장)으로 갈수록 더욱 늘어나게 마련이다. 이렇게 하여 재고를 많이 지니게 되면 이에 따른 각종 해악이 발생하게 된다.

이러한 폐단을 없애기 위한 방안으로서 A를 한 개 생산한 다음에바로 B를 한 개 생산하고, 그 다음에는 바로 C를 한 개 생산한 후 다시 A를 생산하는 방식의 싸이클을 취하는 것이다. 이렇게 한다면 많은 재고를 보유하지 않고서도 다품종을 소 Lot씩 생산할 수 있게 되는 것이다. 이와 같은 예를 나타내보면 다음과 같다.

| | 생산수량/1일 | 생산수량/싸이클 |
|---|---|---|
| A품종 | 700개 | 7개 |
| B품종 | 300개 | 3개 |
| C품종 | 100개 | 1개 |

여기서 생산목표 수량이 품종별로 각각 다르더라도, A 품종 7개를 생산하는 한 싸이클중에 반드시 B 품종은 3개, C 품종은 1개가 중간에 포함되어 생산되도록 작업을 분배한다. 이것이 평준화 생산의 기본 개념이다.

이러한 개념은 열처리, 도금, 주조, 단조 등과 같이 작업특성상 Lot작업을 해야 하기 때문에 평준화 생산이 어려운 공정에도 아이디어를 짜내려는 노력을 기울인다면, 그 공정 나름대로 낭비요소를 최소화 시킬 수 있는 방안이 나오게 마련이다.

예를 들어 보자. 침탄 열처리 공장에서 Batch에 기어를 열처리할 경우, 기어 중에는 부피가 큰 것이 있는가 하면 작은 것도 있게 마련이다. 따라서 큰 물건을 열처리 바스켓에 담는 경우에는 장입준비 시간이 적게 소요된다. 그러나 작은 물건을 준비할 경우에는 동일한 크기의 바스켓에 많은 수량을 담아야 하므로, 준비시간이 많이 소요된다. 큰 물건을 준비할 때에는 작업자들은 기다림의 낭비가 생기고, 반대로 작은 물건을 준비할 때에는 바빠지게 된다.

따라서, 큰 물건과 작은 물건을 한 개씩 교대로 바스켓에 준비한다면(단, 열처리조건이 같아야 함), 물건 사이즈에 따른 작업시간의 불균일을 줄일 수 있게 되어, 어느 정도는 평준화 생산이 가능해질 것이다. 이런 식으로 어떻게 해서든지 현장의 불균일한 점을 개선하겠다는 의지가 현장관리자에게는 중요한 것이다.

작업의 평준화는 생산기술 담당자가 최종 조립공정을 설계할 초기 단계부터 감안하여 평준화 작업이 되어지도록 공정설계와

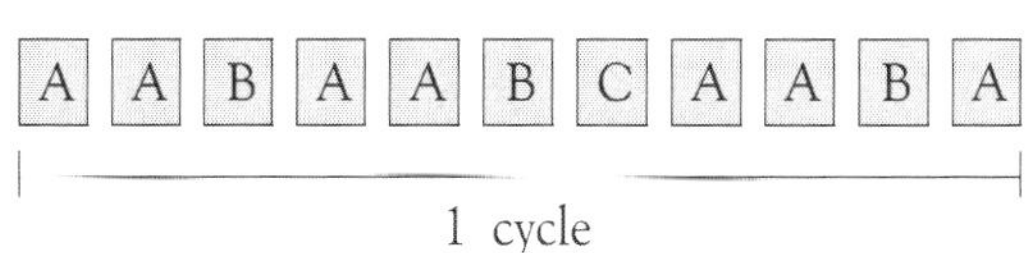


〈그림 3.3〉 평준화 생산량/cycle

배치를 해야 하지만, 그것만으로는 완벽하지가 않은 것이 보통이므로 생산부서의 관리자들이 양산을 해나가면서 자기 현장에 맞게 끊임없이 개선해 나가야 할 것이다.

## 3.5 동기생산방식

언젠가 어느 부품업체에서 공장합리화를 실시한 후 그 사례에 대해 발표하는 것을 들은 적이 있다. 그런데 그 발표내용 중에 동기생산방식을 적용하였다고 하여, 동기생산방식을 실시하는 것이 말처럼 그리 쉽지 않은 것이기에 내심 놀랍기도 하고 호기심도 생겨 나중에 기회를 내어 그 부품업체를 방문하였다. 그런데 막상 방문하여 생산현장을 둘러보니 부품가공라인의 재고가 5일분 또는 10일분씩 쌓여 있었다.

동기생산방식을 적용하는 회사이므로 공장관리수준도 높을 것이고 그러니 당연히 재고도 최소화하여 운영하고 있으리라 생각하였기에, 공장을 안내하던 간부에게 "동기생산방식을 적용한다면서 왜 이렇게 재고를 많이 가지고 있느냐?"고 물었다. 그러자 그 간부는 "우리 공장에서는 오늘 500대의 완성품을 만드는 조립계획이 있다면, 부품가공라인에도 동시에 500대분의 부품생산지시를 발행한다."고 답하는 것이었다. 조립라인의 생산과 동시에 부품가공도 시작되므로 동기생산이라는 것이었다.

그러나 이 말은 동기생산방식에 대한 이해가 불충분한 대답이다. 동기생산이란 것이 단어의 뜻으로만 본다면, 생산을 동시에 실시한다는 의미이므로 앞에서 말한 협력업체의 간부의 말도 맞기는 할 것이다. 그러나 동기생산의 진정한 의미는 '불필요한 과잉재고가 없다는 전제 하에서, 뒷공정에서 부품을 소모하는 것과 동시에, 그 수량만큼을 앞공정에서 즉시 생산한다.'는 의미인 것이다. 단순히 앞공정과 뒷공정의 생산시점을 맞추는 것이 아니고, 뒷공정의 소모시점에 앞공정의 생산시점을 맞추는 것이다. 극단적으로 말한다면, 조립라인에서 한 대분의 부품을 소모하면 그 즉시 가공라인에서는 한 대 분의 가공을 시작한다는 것이다. 이를 위해서는 뒷공정의 생산정보가 앞공정으로동기에 전달이 될 수 있어야 하고, 또 앞공정에서는 뒷공정의 정보를 입수하는 즉시 해당 부품의 생산에 돌입할 수 있어야 한다. 그래서 표준 리드타임 경과 후에는 가공되어진 물건이 막힘없이 조립 공정에 공급되어져야 한다. 이렇게 하여 조립공정에서 조립이 끝나면 그 소모수량의 정보가 다시 가공라인으로 전달돼 해당수량만큼 소재를 가져다 또 다시 가공을 시작하는 것이다. 이러한 순환싸이클이 조립라인의 상황변화에 따라 유연하게 대상부품을 바꾸어 가면서 행해셔야 하는 것이다.

그러나 위의 예에서 보았듯이, 동기생산방식이라 할지라도 조립라인과 부품가공라인과의 사이에는 정보전달시간, 작업준비시간, 운반시간 등의 시간차는 피할 수 없이 존재하는 것이므로 완벽한 동기생산이란 현실적으로는 불가능하다. 단지, 이러한 시간차가 zero에 가까워지도록 끊임없이 노력하자는 의미에서 동기화라는 단어를 쓰고 있다고 보아야 할 것이다.

이와 같은 동기화생산을 실시하려면 몇 가지의 전제 조건들이 갖추어져야 하는데, 예를 들어 본다면 다음과 같은 것이 있다.

① 프레스공정이나 가공공정에서는 금형교환시간의 단축, 치공구교환의 One-touch화 등이 필수적으로 선행돼야 하고,
② 언제라도 생산정보에 의하여 생산을 개시할 수 있도록, 설비는 항상 잘 관리되어 스위치만 누르면 즉시 생산이 가능할 수 있어야 하며(자주보전이 잘 되어야 함),
③ 외주부품은 조립작업중 라인 정지 등을 유발하지 않도록 항상 양품만이 공급되도록 하며,
④ 작업자는 언제 어느 공정에 배치되더라도, 즉시 작업에 임할 수 있도록 다기능화되어 있어야 한다.

위의 조건들이 갖추어져서, 아침에 투입한 소재가 저녁에는 완성품으로 조립이 되어 수송트럭에 실려 나아갈 수 있는 정도가 될 때에야 비로소 '동기생산방식'을 실시하고 있다고 말할 수 있다.

## 3.6 셋팅 교환은 ONE-TOUCH로

동기생산을 실시하기 위하여서는 뒷공정의 수요변화에 부응하여 앞공정이 유연하게 대응해야 한다고 했는데, 그러기 위해서는 로트의 소량화가 필수적이라고 할 수 있다. 그런데 이러한 소량 로트 생산의 실시에 가장 방해가 되는 것이 바로 금형이나 치구 및 공구의 교환이라고 할 수 있다.

금형이나 치공구의 셋팅교환에 소요되는 시간은 고속, 고성능의 장비일수록 긴 것이 보통인데, 설비에 따라서는 몇 시간씩이나 걸리는 경우도 있다. 따라서 현장관리 담당자들은 셋팅교환에 걸리는 시간을 단축하기 위해서 갖가지 아이디어를 짜내지 않으면 안된다.

셋팅교환의 시간을 단축하는 데는 한 가지 원칙이 있다. 그것은 '셋팅교환은 일발(One-Touch)로 끝내야 하며, 셋팅교환 후 생산된 초품은 양품이어야 한다.'는 것이다. 물론 이것은 무척 어려운 일이기는 하지만, 목표는 그렇게 가지고 노력해야 한다.

셋팅교환 단축에 관한 몇 가지 실천요령을 알아 보도록 하자.

(1) 다음 작업에 사용될 새로운 금형이나 치공구는 기계 가동중에 미리 준비해야 한다. 기계를 멈추고나서 그 때부터 다음 작업금형을 준비하느라 왔다갔다 한다면 그만큼의 시간이 낭비된다. 이렇게 작업 진행중에 다음 작업을 위해 금형이나 치공구를

미리 준비하는 것을 흔히 '외(外)셋팅'이라고 한다.

(2) 이렇게 외셋팅이 완료되었다면, 다음은 기계를 멈추고 신, 구금형 간의 셋팅교환을 해야 하는데, 이 때에 셋팅교환 순서를 표준화할 필요가 있다. 표준화하여 작업자들로 하여금 숙달되도록 반복훈련을 해야 한다.

공장 사정에 따라서는 별도의 셋팅교환 전담반을 구성하는 것도 하나의 방안이 될 것이다. 특히 크고 복잡한 금형(예를 들면, transfer press 금형)인 경우에는 반드시 그렇게 해야 한다.

(3) 셋팅교환용 공구는 작업표준의 순서에 따라 쉽게 잡을 수 있도록 차례대로 비치해야 한다. 이렇게 해야 작업공구를 구분하고 찾는데 걸리는 시간을 절약할 수 있다.

(4) 금형고정용으로 사용되는 볼트나 고정구류는 같은 종류끼리 색칠하여 구분한다. 이렇게 함으로써 고정구의 확인에 소요되는 시간을 절약할 수 있다.

(5) 가능하다면 금형의 고정구로는 볼트를 사용하지 않도록 한다. 볼트를 풀고, 조이는 데에 상당한 시간이 걸리기 때문이다. 대신에 일발로 고정할 수 있는 Clamp(유압, 공압, toggle), Taper chuck, 고정 Pin 등을 사용하도록 한다.

(6) 가능하면 금형의 높이를 통일하는 것이 좋다. 그 이유는 금

형교체 후에 소요되는 Stroke 조정시간을 단축할 수 있기 때문이다. 이를 위해서 금형의 Block을 깍아내거나 반대로 부착하기도 한다.

(7) 크레인이나 지게차는 사용하지 않는다. 왜냐하면 이러한 장비들은 움직임이 민첩하지 못할 뿐더러 위치의 정밀도도 떨어지기 때문이다. 대신 금형운반용 전용대차를 사용하는 것이 좋다. 어쩔 수 없이 지게차나 크레인을 사용해야 할 경우라면 기계까지의 운반은 지계차나 크레인으로 하더라도 일단 기계 내의 교환시에는 사람이 지렛대나 고리 등 보조공구를 써가면서 직접하는 것이 좋다.

(8) Gage화 해야 한다. 금형의 기준이 되는 부위에 눈금 등을 표시하거나, Spacer, Stopper 등을 부착해서 위치 측정을 하지 않고도 바로 셋팅이 되도록 하고, 또 시험생산을 하지 않고도 바로 양품이 나오도록 한다.

(9) 금형의 예열을 필요로 하는 경우에는 미리 해두도록 한다. 금형을 교환한 후에 기계에 붙여 놓고서 예열을 하는 것이 아니라, 미리 예열된 상태로 금형 교환을 해야 한다는 것이다.

현장에서 흔히 사용되고 있는 셋팅교환 시간의 단축방법에 대한 몇 가지 예를 들어 보았지만, 여러 기계설비마다 '이것이 최선이다.'라고 할 수 있는 절대적인 방법이 있는 것은 아니다. 단지 앞에서 언급하였던 대로 '일발셋팅과 초품은 양품'이라는 대명제를 놓고 각 현장의 실정에 맞는 최선의 방법을 끊임없이 찾아 나가야 한다.

## 3.7 다기능화

다기능화(多技能化)란 1인 다기능화를 의미한다. 즉, 현장작업원 한 사람이 한 가지 기능만 갖추는 것이 아니라, 한 사람이 여러 가지 기능을 갖추도록 하는 것이다. 이러한 것은 당사자에게 능력 개발의 효과가 있어 본인 발전에 도움이 될 뿐 아니라, 공장관리의 측면에 있어서도 여러 가지 이점이 있다.

우선 쉽게 생각해 볼 수 있는 장점은 작업원 중 누군가가 결근을 한다거나 해서 공정의 결원이 생겼을 때에 쉽게 대처할 수 있다는 것이다. 그러나 그보다 더 중요한 것은 생산속도 조절을 가능하게 하여, 생산라인의 운영을 유연하게 해준다는 것이다.

예를 들어, 불경기 등으로 인해 주문량이 줄어든 경우를 가정해 본다면, 그 대처방안으로써 공장에서는 일차적으로 생산량을 줄여야 할 것이다. 이 경우에 가장 먼저 할 수 있는 일은 잔업을 중지하는 것이다. 그런데 문제는 하루 8시간인 정규  근무시간의 작업량도 안될 정도로 감소할 경우인데, 이 경우에는 어쩔 수없이 조업단축을 생각하지 않을 수가 없다. 그러나 조업단축 조치는 앞에서도 이야기 하였듯이 생산라인의 조화와 질서를 깨뜨리게 되며, 근로자들에게도 불안심리를 유발시켜 사기를 떨어뜨리기도 한다. 따라서 조업단축보다는 공장 전체의 생산속도를 다소 느리게 조절하여 생산라인간의 균형을 계속 유지하는 것이 보다 바람직하다.

생산라인의 속도를 느리게 조절하기 위해서는 어떻게 해야 할까? 그것은 바로 싸이클타임을 길게 하면 되는 것이다. 싸이클타임을 길게 하기 위해서는 작업분배를 조정해 한 사람으로 하여금 정규 작업시에 담당하던 공정보다 더 많은 공정을 담당케 해야 한다. 이렇게 되면 싸이클타임은 자연히 길어지게 되고 따라서 생산속도도 떨어지게 된다. 이 때에 작업자들이 더 많은 공정을 담당하기 위해서 다기능화가 필요한 것이다.

또 다른 다기능화의 장점은, 생상량 증가시 인원 절감의 효과가 있다는 것이다. 1인 1기능 체제에서는 서로간의 작업에 다른 사람이 참여할 수가 없으므로, 한 사람의 작업량이 많아지면 그 문제를 해결하기 위하여 인원을 새로이 충원하는 것이 보통이다(비록 충원이 실현되지는 않더라도 생산현장에서는 그러한 요구를 하게 마련이다.). 이 방법은 수주량의 증가로 바쁜 상황이 계속 일정하게 유지될 경우에는 아무런 문제가 되지 않는다. 그러나 바쁜 상황이 불규칙하게 발생되는 경우에는 큰 문제가 된다. 바쁜 상황이 해소되는 경우에는 신규충원한 작업원의 일거리가 없어지게 되기 때문이다.

이러한 상황에 처하였을 경우, 1인 다기능 체제라면 대처방식이 달라지게 된다. 즉, 인원을 충원하지 않고, 여유있는 공정의 사람을 이동시켜 임시로 바쁜 공정을 도와 주도록 하는 것이다. 공장의 종업원 전원이 항상 똑같이 바쁜 것은 아니기 때문에 공장내 어느 구석엔가는 반드시 바쁜 사람과 덜 바쁜 사람의 차이가 있게 마련이다. 이러한 다기능화를 실현하기 위해서는 평소에 공장 작업원들의 '기능별 숙련일람표'와 같은 관리현황표를 만들어 가지고 있다가 유사시에 문제 공정의 작업에 대응이 가능한 사람을 찾아내어 파견하도록 하는 사전준비도 필요할 것이다.

| 기능숙련 일람표 | | | | |
|---|---|---|---|---|
| | 센터드릴 | 황삭 | 연마 | … |
| 김군 | 1급 | 1급 | 3급 | … |
| 이군 | 2급 | 3급 | 1급 | … |
| 박군 | 2급 | 1급 | 2급 | … |
| ⋮ | ⋮ | ⋮ | ⋮ | ⋮ |

## 3.8 선입선출

선입선출(先入先出)이란 '먼저 들어온 것을 먼저 꺼내어 쓴다.'는 말이다. 현장에서 부품을 가공 또는 조립하기 위해서 부품적치장에서 생산라인으로 부품상자를 운반할 때 보면, 부품적치장에 있는 여러 상자 중에 맨 위에 있는 상자부터 가져가는 것을 자주 보게 된다. 그것은 운반작업자 입장에서 보면 맨 위에 있는 상자를 들고 가는 것이 가장 편리하기 때문이다. 자연스러운 현상이라고 볼 수도 있을 것이다.

그러나 그렇게 하다 보면 아래 쪽에 있는 상자의 재고들은 오래 동안 사용되지 못하고 있다가, 생산량의 급증, 부품의 결품과 같은 급한 상황이 닥쳐 사용하려고 보면 이미 녹이 나 있거나, 비틀림, 변색과 같은 변형이 생겨서 사용할 수 없게 되어 버리는 경우가 있다. 또, 이미 설계가 변경되어 더 이상 사용할 수 없는 경우도 있을 것이다. 따라서, 이와 같은 문제점을 방지하기 위한 방안으로 공장에서는 반드시 먼저 들어온 부품를 먼저 사용하는 선입선출제도를 시행해야 한다.

이렇게 해야 하는 또 다른 이유 중에 크레임과 관련된 것이 있다. 만일 고객에게 인도한 물품에 결함이 생겨 교환 또는 수리를 하게 되었다면, 그 교환, 수리 범위를 정하는 데에 Lot Number나 사용일자 등을 가지고 추적을 하게 된다. 이 때, 부품의 투입

순서가 조립생산 일정대로 되어있지 않다면 언제부터 언제까지 불량부품이 사용되었는지를 정확히 알 수 없게 되고, 따라서 얼마만큼의 수량이 문제가 되는지 결정을 할 수 없게 된다. 그래서 결국은 '추정수량+α'하여 교환하게 되다보니 실제 문제 발생 수량보다 몇 배나 많은 수량을 교환하게 되는 경우도 있다.

이렇게 된다면 부품 제조공장으로서는 막대한 타격을 입게 되며, 또 부품에 따라서는 1대당 교환비용이 납품가격의 몇 배가 되는 경우도 있어 교환이나 수리 비용으로 인해 회사가 도산에 이르는 경우도 있다. 따라서 선입선출이란 것은 부품의 절약측면에서 다루어지는 차원을 넘어서는 개념이 된다.

선입선출의 개념은 완성품의 출하에 있어서도 마찬가지다. 부품업체의 완성품이 모기업에서는 외주부품이 되므로, 문제가 발생되는 경우에는 앞에서 말한 것과 동일한 상황이 벌어지게 된다. 따라서 완성품의 출하장에서도 반드시 먼저 만들어진 완성품이 먼저 출하되도록 관리해야 한다.

이상에서 살펴본 바와 같이, 우리는 회사의 생존차원에서 선입선출이 반드시 지켜지도록 관리해야 한다. 선입선출의 수단에 대해서는 일반적으로 널리 사용되고 있는 슬라이드 빈 방식을 권할 수 있지만, 슬라이드 빈 적용이 불가한 경우가 많으므로, 각 생산현장의 실정에 맞도록 여러 가지 방안을 고안하고 선택하여 적용해야 할 것이다.

## 3.9 앉아서 하는 작업, 서서하는 작업

여러 공장을 방문하여 보면 작업자들이 선 채로 작업하는 경우를 보게 되는가 하면 또 반대로 앉아서 작업을 하는 경우도 보게 된다. 그 중에는 선 채로 작업하는 것이 불편해 보이는 경우, 안내하는 공장 간부에게 "왜 선 채로 작업을 시키느냐? 앉아서 하면 안되느냐?"고 물어보면 대개는 "선 채로 작업을 해야 열심히 일하는 것 아닙니까?"하고 반문해 오는 경우가 있다. 거기에 덧붙여서 "작업자들을 선 채로 작업하도록 설득하느라고 그동안 애를 무척 먹었다."는 말도 곁들여서 하는 것이다.

물론, 사람이 서서 일하게 되면 행동반경도 넓고 동작도 크게 되어 공장을 방문하는 외부인의 눈에는 열심히 일하고 있는 것처럼 보이기도 한다. 그러나 중요한 것은 '서서 하느냐, 앉아서 하느냐' 하는 그 자체가 아니고 '어느 쪽이 보다 효율적이냐' 하는 데에 있는 것이다.

예를 들어, 1인이 다공정을 담당하고 있는 작업의 경우라면 당연히 서서 작업을 하는 것이 옳을 것이다. 왜냐하면 작업자는 여러 공정의 기계 사이를 오가면서 작업을 해야 하기 때문이다. 그러나, 어쩔 수 없이 1인 1공정 작업의 경우라면(예를 들어, 단발 프레스작업이나, 전자부품의 tester검사 공정 등) 반드시 선 채로 작업해야 할 필요는 없다. 왜냐하면 이러한 작업들은 이동하지 않고

한 자리에서 해야 하므로, 계속 선 채로 작업을 시킨다면 쉽게 피로해져 작업효율을 떨어뜨리고 작업자의 불만 요인이 되기 때문이다. 작업이란 일정한 싸이클에 따라 규칙적으로 전신을 움직이는 편이 오히려 피로도의 감소에 도움이 된다.

선 채로 이동하면서 작업을 할 경우에는 반드시 작업이 이루어 지는 작업대 높이는 작업자의 허리 정도 높이를 유지하여 무리한 자세(허리를 굽힌 자세나 팔을 높이 든 자세 등)가 나오지 않게 하며, 또한 행동반경 내에는 쿠션(Cushion)이 있는 발판을 발 밑에 깔아주어 이동중에 발의 피로가 생기지 않도록 하는 것도 중요하다.

참고로 종업원의 팔꿈치 높이를 105 cm(남성)와 98 cm(여성)로 하였을 경우에 작업 강도에 따라 작업하기 편한 작업대의 높이는 <그림 3.4>와 같다. 여기서 수평 기준선 0은 개인의 팔끔치 높이다. 그리고 <그림 3.5>는 서서하는 작업과 앉아서 하는 작업을 혼용하는 경우에 편리한 의자 형태를 나타내고 있다.

결론적으로 말한다면 서서하는 작업방법을 택할 것이냐, 앉아서 하는 방법을 선택할 것이냐의 문제는 공장종업원의 Workman-Ship 차원에서 결정할 문제가 아니고 전적으로 생산효율의 관점에서 판단하고 선택해야 한다. 그러므로 경우에 따라서는 필요하다면, 한 개 라인 내에 서서하는 작업과 앉아서 하는 작업을 혼용할 수도 있는 것이다.

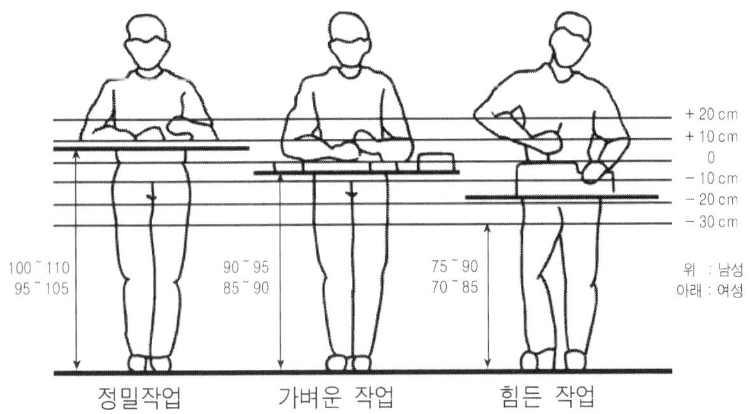


〈그림 3.4〉 서서하는 작업에 권장되는 작업대의 높이와 팔꿈치 높이

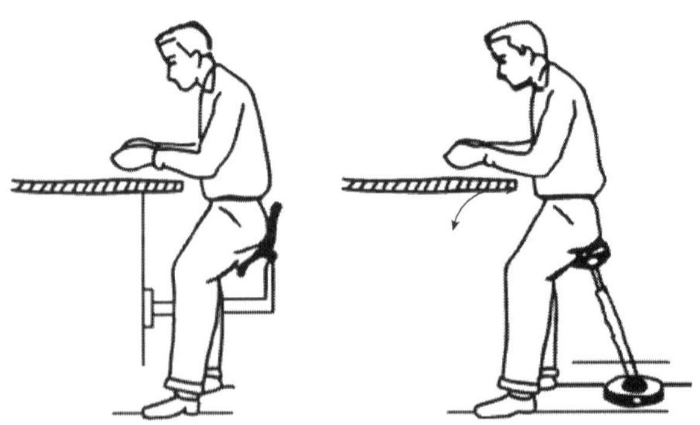

〈그림 3.5〉 혼용 작업시 의자형태

## 3.10 작업의 강도

흔히 우리는 일본 근로자들의 작업태도에 대하여 이야기 할 때면, 그들의 엄청난 작업강도를 자주 언급한다. 실제로 일본 공장의 생산현장에 가서 그 사람들의 작업하는 모습을 보면, 동작이 기계와도 같이 정확히 움직이는데, 그 속도도 빠르며 또한 조금도 쉴 틈 없이 계속하여 반복적으로 움직이는 것을 보게 된다. 거기에다 작업의 시작과 종료, 휴식 시간에 대해서도 철저히 준수하고 있다. 작업중에도 담배를 피우면서 작업을 하는 구미의 작업자들과는 비교도 되지 않을 뿐더러, 그래도 근면한 편이라는 평을 듣고 있는 우리 나라의 작업자들과도 비교가 되지 않을 만큼 작업강도가 강하다.

그래서 이러한 차이를 체험한 우리 나라의 현장관리자 중에는 '우리도 일본의 작업자들처럼 할 수 있지 않을까?' 생각하여 여러 가지로 노력을 하고 있는 사람도 많다. 그러나 이와 같은 노력이 아쉽게도 효과를 보지 못하고 실패하는 경우를 종종 보게 되는데, 이것은 작업효율을 고려하지 않고 무조건 작업강도만 강화하려는 데에 그 근본적인 원인이 있다.

예를 들어 보자. 모 자동차회사의 완성차 조립 라인을 본 적이 있었는데, 그 라인의 작업자들은 전부 뛰어다니고 있었다. 보는 순간의 첫인상은 그야말로 '굉장히 열심히 일하고 있구나!' 하는 느낌을 받기에 충분할 정도였다. 그리고 그 옆에서는 관리자가 초시계를 들고서 시간을 재고 있는 것이었다. 이 라인은 차체에 엔진을 장착하는 라인이었는데, 콘베이어가 계속 흘러가고 있으므로 작업자들은 한 가지 부품 조립이 끝나면 다음 작업을 위한 공구를 집기 위하여 공구대로 뛰어 가서는 새로운 공구를 들고 이미 앞으로 흘러가 있는 차체를 향해 뛰어서 쫓아가는 것이었다. 그래서 유심히 한 작업자가 담당하고 있는 작업을 완전히 끝낼 때 까지의 과정을 보니까, 실제 조립 작업을 하는데 걸리는 시간보다 공구를 집으러 뛰어 다니는 시간이 더 많이 걸렸다. 또 뛰어 다니는 거리를 보니 한 대분 조립하는 데에 약 15m 정도의 거리를 달렸다. 그러니 만일 하루에 천 대를 조립한다고 가정하면 해당 작업자는 하루에 15 km 정도의 거리를 전력 질주하는 셈이 된다. 이것은 완전히 넌센스다. 아무리 먼 거리를 열심히 뛰어 다닌들 제품의 부가가치가 올라 가겠는가? 오히려 작업자의 피로도만 가중되고 집중력이 떨어져서 불량품을 생산하거나, 노사문제로 비화될지도 모른다. 그런데도 그 생산라인의 담당 관리자는 그런 데에는 관심을 두지 않고 작업자들이 열심히 뛰어서 2~3초 단축하게 되었다고 자랑하는 것이었다.

이러한 경우에는 작업자들에게 좀 더 빨리 뛸 것을 요구하기보다는 공구대의 배치를 조정하거나 분산시켜 작업자들이 먼 거리를 이동하지 않고도 공구를 집을 수 있게 하거나, 공구를 콘베이어 위에서 같이 이동하게 하여 작업자들이 불필요하게 이동하는 거리를 최대한 줄여 주어야 한다.

이와 같이 작업의 강도를 올리는 데에는 반드시 작업효율을 먼저 고려하여 불필요한 낭비요소를 철저히 없애버린 후에 작업 강도의 향상을 도모해야 하는 것이다. 최근에 현장에서 많이 거론되고 있는 loss제거는 원자재나 부품의 소모를 줄이는 것뿐만 아니라 불필요한 동작이나 움직임도 줄이는 것이다.

## 3.11 고속 · 고성능 설비의 허와 실

기업체에서 생산해 내는 상품 중에는 소비자들에서 인기가 있어, 만드는 즉시 잘 팔려나가는 상품도 많이 있다. 그래서 공급이 수요를 못 따라가는 상황에 이르게 되면, 제조공장에서는 일정한 시간에 한 개라도 더 만들 수 있는 보다 빠르고 성능이 우수한 제조설비의 구매를 검토하게 되는 것이 일반적이다. 이러한 상황에서는 고속·고성능의 장비를 구입하여 빠른 시간에 보다 많은 물건을 만들어 내어 시장에 파는 것이 옳다. 또한 고속·고성능의 장비로 생산원가를 낮추고 품질이 우수한 제품을 생산해야 경쟁력이 높아지는 것도 당연하다.

그러나 현실에 있어서의 문제는, 이러한 좋은 여건이 계속 유지되기가 힘들다는 것이다. 왜냐하면 시장의 상황이란 것은 항상 변하기 때문이다. 또 동일 상품이라도 소비자의 기호에 따라 디자인, 선택사양 등을 다양하게 바꾸어 만들지 않으면 곧 매출이 떨어지는 경우도 있다. 시장의 경쟁이 치열해 질수록 이러한 현상은 더욱 심화될 것이다. 그렇기 때문에 시장의 상황이 불리해졌을 때에는, 고속·고성능의 장비가 오히려 골칫덩어리로 변할 수도 있다.

따라서 고속·고성능의 설비를 투자할 경우에는 반드시 다음과 같은 점을 사전에 고려하여 신중히 투자해야 한다.

(1) 고속·고성능의 장비는 값이 비싸다는 점을 우선 고려해야 할 것이다. 고가의 장비는 장비 자체의 가격도 비싸지만 부대설비 비용도 비싸고, 보수·유지하는 데 소요되는 비용도 많이 들게 마련이다.

(2) 고속·고성능의 장비는 대부분 장비의 운전조작이 쉽지 않다. 복잡한 컴퓨터 프로그램을 채용하고 있기 때문에, 상황에 따른 다양한 운전조건의 조절이 쉽지 않고, 공장 내 극소수의 전문가만이 할 수 있게 되는 경우가 많다. 또한, 보수유지가 힘들어 외국에서 구입한 설비의 경우 문제가 발생하면 생산설비의 작동이 정지되어 생산이 한동안 중지될 수도 있다.

(3) 소량의 로트생산을 지향하는 제조공장에서는 수요의 상황변화에 따라 기계를 가동하지 않아야 할 경우가 자주 발생하게 된다. 이러한 경우에는 동일한 비가동 시간이라면 당연히 비싼 기계의 감가상각비 손실액이 커지게 된다.

(4) 고속·고성능의 장비는 대체로 tool 셋팅구조가 복잡하므로 기종변경에 따른 tool 교환이 쉽지 않다. 따라서 현장 작업자의 입장에서는 기종변경을 기피하려는 경향이 생기게 되고, 이러한 분위기가 형성되면 소량 로트 생산체제를 구축하기가 어려워진다.

(5) 고속·고성능의 장비는 생산라인 전체의 균형과 조화를 이루기가 쉽지 않다. 생산라인 전체의 균형을 무시한 채, 한 두 대

설비만의 고성능화는 해당 설비의 생산성은 높일 수도 있으나 공장 전체의 생산성 향상에는 별 도움이 되지 못한다. 또한 생산라인 중에 재공재고만 증가시킬 수 있다는 것을 유의해야 한다.

그리고 일반적으로 기술자들은 설비검토시 기술적 호기심에서 또는 생산책임수량의 여유율의 확보를 위하여 필요 이상의 over spec. 생산설비를 선택하는 경향이 있으므로 투자결정시에 특히 주의해야 한다.

일반적으로 설비의 효율은 치구 및 공구 등의 사용에 따라서 10~ 20% 정도는 별도의 투자 없이도 올릴 수 있는 것이므로, 이러한 정도의 효율 향상을 위하여 처음부터 과잉투자를 하지 않는 것이 바람직하다. 또한 그 이상의 효율 향상이 필요한 경우라도 설비를 일부 개조하여 효율을 올리는 경우도 얼마든지 있는 것이므로 처음에는 일반적인 설비를 구매하고 그리고 점차로 고성능 설비로 개선해 간다는 사상이 공장기술자에게 필요하다.

## 3.12 설비배치(Lay out)

생산공장에 있어서, 신규 프로젝트를 수행한다거나 공장의 이전 등과 같은 이유로, 한꺼번에 많은 생산설비를 구입하여 설치하거나, 재배치해야 하는 경우가 간혹 생긴다. 이러한 경우 '설비의 배치를 어떻게 하면 좋을까?' 하는 고민에 빠지게 되는데, 이때에 설비배치(lay out)의 원칙을 모르는 경우에는, 대개 공장 전체의 미관만을 생각해서 간단히 배치하거나, 생각을 짜낸다 해도 공장 내의 기둥과 같은 장애물 등을 감안하여 배치하는 정도일 것이다.

그러나, 설비배치가 가지는 의미는 참으로 중요한 것이다. 똑같은 설비를 가지고서도 어떻게 배치하느냐에 따라, 생산효율이 올라가기도 하고, 떨어지기도 한다. 우리가 생산공장에서 달성해야 할 QCD에 생산설비의 배치가 미치는 영향은 대단한 것이다. 또한, 한 번 배치한 설비를 다시 변경할 경우에는 많은 비용이 소요되므로 설비배치를 간단히 생각하여 실시해서는 안된다. 그러나 '설비배치는 이렇게 해야 한다.'고 간단히 말하는 것도 대단히 어려운 일이다. 생산제품의 종류나 생산량 등에 따라 고려사항이 모두 다르기 때문이다.

설비배치시에 기본적인 고려대상은 흐름(flow), 공간(space) 그리고 활동관련(activity relationships)이다. 흐름은 로트 크기, 단위하물 크기, 자재취급장비 및 건물구조에 의하여 좌우되며, 공간은 로트 크기, 생산장비의 유형과 크기, 배치, 건물구조, 관리방법 등에 의하여 좌우된다. 한편 활동관련은 자재 혹은 작업자의 흐름, 조직구조, 지속적인 개선방안 및 공정소요량 등에 의하여 좌우된다. 이와 같이 여러 가지를 고려하고, 단기적인 것뿐만 아니라 중장기적인 면도 고려해야 하므로 설비배치를 한다는 것은 무척 어렵다.

그러나 설비배치에도 몇 가지 기본 원칙은 있다. 자동차 부품 생산공장을 중심으로 그 핵심사상을 살펴보자.

(1) 기계의 배치는 공정별로 배치(Flow Style)해야 한다. 공정별 배치란 정해진 가공 대상품의 공정흐름 순서에 따라서 기계를 배치하는 것이다. 이것은 당연한 것으로 생각되겠지만 공장에 따라서는 이러한 배치방법을 취하지 않고 선반 shop, 밀링 shop 식으로 동종의 기계들을 한 데 모아서, 한 로트를 한꺼번에 가공해 버리는 방식을 채택하고 있는 곳도 있다(기능별 배치 혹은 Job shop 형태). 이러한 방식으로는 흐름작업이 적절히 되지 않으므로 공정의 누락, 과다재공, 공정간 혼입 등의 여러 가지 문제가 일어나서, 자재의 흐름이 느려지고 유연성이 떨어지게 된다. 전에는 우리 나라에도 이러한 방식을 채택하는 곳이 많았지만, 요즈음은 주문생산업체 외에는 거의 없는 것으로 알고 있다.

(2) 생산라인 전체를 가능한 한 눈에 들어올 수 있도록 직선화해야 한다. 생산물류의 원활한 움직임(조립부품, 가공부품의 공급, 완성품의 취출 등)을 위해서, 또한 생산라인의 불균일의 유무를 눈으로 보고 쉽게 파악하기 위해서는 직선이 가장 편리하다. 생산라인이 직선이 아니고 중간에서 갈라진다거나, 혹은 몇 겹으로 구부러진다거나 하면 라인이 혼잡해져서 생산현장의 상황파악(눈으로 보는 관리)이 어려워지게 되고, 조립 또는 가공을 위한 자재의 공급도 주변의 간섭으로 어려워지게 된다.

공장에 따라서는 작업자의 불필요한 이동을 최소화하기 위하여 U자형의 라인을 채택하고 있는 곳도 많이 있지만, 많은 사람이 동시에 배치되어 일을 하는 경우에는 U자형 라인의 장점을 100% 살릴 수 없는 경우도 있으므로, 자기 공장의 실정을 감안하여 결정하면 될 것이다. 이러한 U자형 라인도 출발은 직선라인을 2개 연결시켜 놓은 직선배치의 개념이며, 단순한 직선라인에서 한 단계 발전된 형태로 보아야 한다.

(3) 공정의 이동은 오른쪽에서 왼쪽으로 흐르도록 하는 것이 좋다. 이것은 일반적으로 오른손잡이가 많으므로, 무거운 가공물을 오른손으로 잡고 기계에 셋팅하는 것이 쉽고 정확하기 때문이다.

또한, 셋팅이 끝나고 문을 닫음과 동시에 사람의 몸은 왼쪽으로 향하게 되어지므로, 왼쪽에 다음 공정의 설비를 배치하여 자연스럽게 이동하여 가도록 하는 것이다.

(4) 사람의 움직임이 가능한 적도록 해야 한다. 공장 생산라인에서 사람의 동작을 관찰해 보면, 실제 물건을 만들기 위해 움직이는 동작과 그렇지 않는 동작으로 구분된다. 예를 들면, 조립을 하기 위해 부품을 손으로 잡고 볼트를 조인다든가, 선반에서 물건을 깍고 있다든가 하는 것은 순수하게 물건을 만들기 위한 동작(즉, 부가가치를 만들고 있는 동작)이지만 부품을 가지러 앞공정으로 걸어 간다든가, 선반가공 완료 후 다음 공정인 밀링공정으로 넘기기 위해 밀링장비까지 운반을 한다든가 하는 동작은 전혀 부가가치가 생기지 않는 쓸데없는 동작이다.

공장에서 이런 불필요한 이동이나 동작을 완전히 없앤다는 것은 실제 불가능한 일이지만, 가능한 최소화되도록 고안해야 한다.

(5) 물류의 흐름이 역행하지 않도록 해야 한다. 조립부품의 흐름이 거꾸로 흐른다거나 해서는 안된다는 뜻이다. 이러한 것은 공장 전체의 생산라인의 배열에 있어서나, 각개 생산라인 내의 기계 배치에 있어서나 동일하다.

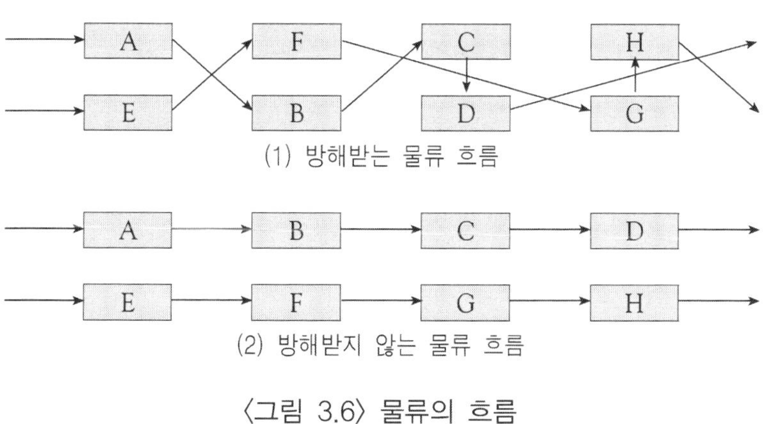


〈그림 3.6〉 물류의 흐름

<그림 3.6>에서는 공장 전체의 생산라인의 배열에 대한 예를 들었지만, 어느 경우든지 물류가 역흐름하거나 방해받지 않도록 처음 설비배치 계획부터 신중하게 고려해야 한다.

(6) 물류의 이동(material handling)을 적게 해야 한다.

이것은 기계와 기계 간의 이동은 물론이고, 생산라인간의 이동, 공장간의 이동 그리고 수평이동 및 상하이동 등을 포함하여 모든 이동거리를 짧게 해야 한다는 의미이다. 운반이란 결국 사람이나 컨베이어, 지게차와 같은 기계가 하게 되는데 이것은 모두 비용으로 환산되어 원가에 반영된다. 운반 낭비의 예로는 다음과 같은 것들이 있다.

① 옮겨 담기
② 옮겨 쌓기
③ 임시로 두기
④ 멀리있는 소재적치장 배치
⑤ 멀리있는 출하대기장 배치

또한 운반거리가 늘어날수록 운반작업자의 피로도와 사고의 위험은 증가하게 되며, 공정간에 컨베이어가 있는 경우에는 컨베이어가 길수록 그 위에 재고가 증가하게 되어 생산라인의 흐름작업에 방해가 된다는 것을 염두에 두어야 한다.

## 3.13 자동창고의 허와 실

최근 많은 제조업체나 유통업체 등이 인건비 절감, 공간의 효율적 활용, 생산 효율성 증대, 자재 관리의 효율성 증대, 작업자

안전, 고객서비스 개선 등의 이유로 창고를 자동화 및 대형화하고 있다. 창고자동화는 공장자동화의 필수 요건으로 인식되어 왔고, 실제로 자동창고를 설치하여 경쟁력이 높아진 기업체도 많다. 특히 제조공장의 경우, 생산량은 증가하지만 공장의 이전이 불가능하고 공장의 부지가 한정되어 있어 자재를 관리하는 데 한계에 도달하고, 창고작업량이 늘어남에 따라 종업원을 늘려야 하지만 이것이 좋은 대책이 아니라고 판단될 경우에는 자동창고를 설치하는 것이 타당할 수도 있다.

그러나 과연 자동창고가 모든 기업체에 꼭 필요한가, 과연 자동창고가 경쟁력 있는 QCD를 실현하는 데 필수적인가를 심도있게 고려해 보아야 한다.

그동안 필자들은 여러 차례 산업시찰의 기회가 있었다. 그 중에 크고 첨단화된 자동창고를 보유하고 있는 공장도 방문하였다. 그런 공장을 견학하게 될 경우에는 자동창고가 반드시 견학코스에 포함되어 있어, 안내하는 사람도 상당한 자부심을 가지고 최첨단 설비를 자랑스럽게 소개하고는 하였다. 그런데 우리가 재고 zero를 궁극의 목표로 하는 사고방식에서 본다면, 이와 같은 자동창고는 재고 zero의 사상을 실현하는 데에 가장 큰 걸림돌로 작용한다.

왜 그럴까? 우선 커다랗고 첨단화된 자동창고를 지어놓고 그 안에 재고가 없다면, 많은 돈을 들여서 창고를 지은 의미가 없어지게 된다. 따라서, 공장관리자의 입장에서는 심리적으로 '다소의 낭비가 발생하더라도 어느 정도는 과잉재고를 가지고 있어야겠다.'는 마음을 갖게 된다. 더욱이 외부 방문객이 공장 견학을 원할 경우에는 더욱 그러할 것이다.

이러한 자동창고의 건설을 기안하였거나, 승인하였던 간부의 입장에서는 자동창고의 투자가 잘못 되었다는 평가를 꺼려하기 마련이므로, 자기 입장을 옹호하기 위해 재고의 최소화에 반대되는 여론을 형성하려고 노력할 수도 있다. 이와 같은 분위기가 공장 내에 팽배하게 되면, 고효율의 공장으로 탈바꿈하려는 노력에 가장 커다란 장애요소가 되는 것이다.

그리고 자동창고는 초기 투자비(땅값, 건축비, 자동창고 설비, 운영프로그램 등)도 엄청나지만 유지관리비도 상당히 많이 소요된다. 인건비는 물론이고 조명용 전기료, 동력비, 창고건물의 유지보수비용, 경우에 따라서는 결로현상을 방지하기 위한 난방비용도 소요된다. 여기에다가 저장/반출(S/R : Storage/Retrieval)장치, 로봇, 무인반송차(AGV : Automated Guided Vehicle) 등 자동운반 설비가 고장이라도 나는 경우를 가정하여 본다면, 이건 정말로 난감해진다. 높은 위치의 선반에 여러 열로 분포되어 있는 자재를 사람이 올라가서 일일히 확인하고 꺼내어 온다는 것은 보통 어려운 일이 아닌 것이다. 자칫 생산라인을 정지시키는 일이 발생할 수도 있고, 안전사고도 발생할 수 있다.

창고란 것은 공장경영의 입장에서 본다면 부가가치를 전혀 만들지 않는 것이다. 훌륭한 창고에 오랜 기간 저장해 둔다고 해서 그만큼 가격을 올려 받을 수는 없다. 공장관리자들은 창고에 많은 돈을 들여 유지하느라고 노력하기보다는, 창고없이 공장이 운영될 수 있도록 하는 방법에 노력을 기울여야 할 것이다. 첨단화된 물류설비로 거의 무인으로 작동되는 대형의 자동창고가 언뜻 보면 시대를 앞서가는 최첨단시설처럼 보이기는 하지만, 이러한 시설은 낭비를 제거하고 원가를 관리해야 하는 제조공장에는 어울리지 않는 설비일 수도 있다는 것을 유의해야 한다. 그러나 유통업이나 중앙물류창고라면 다를 수도 있을 것이다.

## 3.14 컨베이어의 허와 실

컨베이어가 양산라인에 적용된 것이 미국의 Ford 자동차로부터 비롯되었다는 것은 누구나 잘 알고 있는 사실이다. 이렇게 시작된 컨베이어가 오늘날에는 거의 모든 산업현장에 적용되고 있어, 컨베이어하면 누구나 대량생산체제의 필수적인 장치로 생각하고 있다. 그도 그럴 것이 종전에는 자동차 한 대를 만들려면 여러 사람이 차 한 대에 달라붙어 동시에 여러 가지 작업을 하였다. 즉 로트생산 개념의 작업을 한 셈이다. 그러던 것이 컨베이어가 산업에 적용됨에 따라, 작업은 컨베이어의 흐름에 따라서 분업화되었다. 즉 흐름작업의 개념이 성립된 것이다.

컨베이어는 특정한 지점들 사이에 고정된 경로를 통하여 자재를 운반하는 데에 사용된다. 컨베이어는 다양한 방법으로 분류할 수 있다. 취급되는 상품의 종류에 따라 벌크(bulk)와 단위(unit)형태로 구분할 수 있으며, 설치방법에 따라 지면형(floor)과 고소형(overhead)으로 구분된다. 벌크형 자재란 곡물, 석탄, 시멘트처럼 일정한 형태가 없는 것으로서 슈트컨베이어, 스크류컨베이어, 버킷컨베이어 등을 이용할 수 있다. 단위형 자재는 벨트컨베이어, 롤러컨베이어, 휠컨베이어, 토우컨베이어 등을 이용하여 취급할 수 있다. 이와 같은 컨베이어를 적절히 이용하여 생산함으로써 생산성을 높이고 불필요한 움직임이나 이동을 줄이며 인건비도 줄일 수 매우 유용한 설비이다.

그러나 이렇듯 유용한 컨베이어도 적절하게 사용하지 못하면 오히려 생산현장의 골칫덩어리가 되어 버릴 수도 있다는 것을 유의해야 한다. 그러므로 컨베이어 사용시 발생가능한 문제점을 알아둔다면, 각 생산라인의 상황에 비추어 컨베이어 도입의 적합성 여부의 판단이나 생산라인에 가장 적합한 컨베이어를 설치 판단을 효율적으로 할 수 있을 것이다.

그렇다면 컨베이어를 사용함으로써 발생될 수 있는 문제점이 무엇인가 고려해 보자.

(1) 가공라인의 경우 기계와 기계 사이를 컨베이어로 연결했을 때에 컨베이어상의 물건은 대부분 과잉재공품이 될 수 있다.

한개흘리기의 개념에서 본다면 어느 순간에 한 대의 기계가 만들고 있어야 할 수량은 한 개이어야 한다. 그러므로, 기계 전·후의 컨베이어상의 재고는 표준재공수를 제외하고는 전부 과잉생산이며 낭비인 것이다. 이러한 현상은 컨베이어가 길면 길수록 심해지게 마련이다.

독자들은 '컨베이어상의 물건들도 불량품이 아니므로 결국에는 생산하면 될텐데 무슨 문제가 되는가?' 라고 생각할 수 있겠지만, 앞에서도 이야기 하였듯이 공정중에 여분의 재공이 많으면 많을수록 문제점은 감추어지게 되어 생산라인의 혼란을 초래하게 된다.

(2) 가공라인의 경우 컨베이어 사용할 때 생산속도의 유연성 조절이 어렵다.

공장관리가 잘 되는 공장이라면 조립수요의 상황변화에 따라 작업자의 작업부하를 조절하여 수시로 생산라인 속도를 바꿔 가면서 대응해야 한다. 이렇게 하기 위해서는 컨베이어가 걸림돌이 된다. 왜냐하면 컨베이어란 사람이 움직이는 동작에 맞추어 이송속도를 미세조정할 수가 없게 되어 있기 때문이다. 그렇다고 이 기능을 컨베이어에 추가하면 이로 인해 컨베이어의 투자비가 너무 커지게 된다.

(3) 기계와 기계 사이에 컨베이어를 설치해 놓으면, 컨베이어의 길이만큼 작업자가 걸어가는 거리가 늘어나게 되어 3불 중의 불필요한 운반이 발생되고, 이로 인해 작업자의 피로도가 증가되어 작업능률이 떨어지고 품질불량도 발생하게 된다.

(4) 운영비용이 든다. 우선 기계 구입시 컨베이어를 포함시키면 당연히 그 컨베이어 값만큼 기계값은 올라가게 된다. 또한 설치 후에는 전기료 및 보수유지비가 지속적으로 들게 된다. 컨베이어의 구동모터를 움직이기 위해 전기가 소요되는 것은 말할 것도 없고 경우에 따라서는 고장수리비도 든다.

(5) 토지생산성이 떨어지게 된다. 우리 나라와 같이 국토가 좁고 땅값이 비싼 나라에서는 특히 땅값에 들어가는 비용에 신경쓰지 않을 수 없다. 따라서 기계와 기계 사이에 불필요한 컨베이어가 면적을 차지하고 있는 것은 결코 바람직하지 않다. 기계를 구

입하다 보면 특히 유럽이나 미국의 기계제조업자들이 긴 컨베이어를 추천하는 경우가 종종 있는데, 이것은 국토가 좁은 우리 나라에는 맞지 않을 수 있다.

## 3.15 체계적인 자재취급

제조현장에서 생산관리를 효율적으로 추진하기 위해서는 자재취급(material handling)이 매우 중요하다. 미국 제조공장에 대한 조사 자료에 의하면, 전형적인 공장에서 종업원의 25%, 공장부지의 55%, 생산시간의 87%는 자재취급과 관련되어 있다고 한다. 자재취급에 들어가는 비용은 생산품의 총비용 중 15~70%를 차지하는 것으로 추정된다. 따라서 비용감소를 위해 어떻게 자재취급을 체계화시켜야 하는가를 고려해 보자.

자재취급을 효과적이고 효율적으로 수행하기 위해서는

"적정한 자재를, 적정한 양과 적정한 조건으로,
적정한 시간에, 적정한 비용을 들여
적정한 방법으로 제공한다."

(1) 적정한 자재

적정한 자재(right material)를 선택하여 적정한 양만큼 필요한 장소와 시간에 공급하는 것은 말처럼 간단하지 않다. 그러나 자재관리시스템이 발전되면서 자재의 재고수준, 재고위치 및 재고기간 등을 정확히 파악할 수 있고 이에 따라 적정한 자재를 운반하고, 저장하며, 그리고 효율적으로 자재를 관리하는 것이 가능해졌다. 가능한 한 부품을 표준화시키고, 단순화시키며, 공통화시키는 것이 재고량을 줄일 뿐만 아니라 적정한 자재를 선택하기 위해서도 필요하다.

(2) 적정한 양

자재를 적정한 양(right amout)씩 다루는 것은 재고량을 줄일 뿐 아니라, 현장에서 눈으로 보는 관리를 수행하기 위해서도 중요하다. 예를 들면, 어떤 조립공장에서 부품을 5단위로 다룰 때 이 부품을 담는 용기가 12단위씩 다룬다고 하자. 이럴 경우에는 수요와 공급에서 숫자가 항상 맞지 않아, 현장에 필요 이상으로 재공 부품의 수가 늘고, 공간이 더 필요하며, 부품을 다루는 데 소요되는 시간이 많이 들게 될 것이다. 이럴 경우에는 각 용기에 부품을 5단위(혹은 10단위)로 다루는 것이 좋다.

(3) 적정한 조건

자재취급에서 강조되는 것은 적정한 조건(right condition)으로 자재를 공급하는 것이다. 적정한 조건이란 먼저 최상의 품질을 유지하고 제품에 손상이 없어야 하며, 작업 현장에서 사용하기에 편리한 단위로 취급하고, 적정한 위치에 자재를 공급하는 것이다.

(4) 적정한 시간

자재를 적정한 시간(right time)에 운반하고, 저장하고, 보호하며, 관리하는 것은 매우 중요하다. 이 때 적정한 시간이란 것이 빠른 속도를 의미하는 것이 아니다. 물류시스템이 자동화된 어떤 공장을 방문하여 보면, 무인반송차(AGV: automated guided vehicles)나 로봇이 상당히 빨리 움직이는 것을 보게 된다. 그러나 위치가 부정확하고, 자재 이송 후 작동없이 쉬고 있는 경우도 자주 보게 된다. 간혹 늦은 가을이나 초봄에 자동공장 내에 결로현상이 발생할 경우, 무인반송차가 레일을 이탈하거나 서로 충돌하는 경우도 발생하기도 한다.

사실 전체 시스템을 단축시키는 것은 빠른 속도보다는 느린 속도를 의미한다. 이것은 모순적으로 들리겠지만, 평균 속도를 느리게 함으로서 변동을 줄일 수 있다면 느린 속도가 더 바람직하다. 즉 변동과 오차의 감소가 핵심이다. 빠른 시간이 아니고 적정한 시간에 주안점을 두어야 한다.

### (5) 적정한 비용

자재취급에 있어서 적정한 비용(right cost)이란 무엇인가? 만약 회계사에게 자재취급비용을 산출하라고 하여도 전통적인 회계시스템으로는 자재취급에 관련된 시스템 비용을 정확히 산출하지 못할 것이다.

비록 상당한 정도의 직접 노동시간이 자재의 운반, 저정, 보호, 관리에 소요된다고 하더라도, 일반적으로 자재취급비용의 대부분은 기업의 간접비용에 묻혀버린다. 따라서 자재취급비용을 산정한다는 것은 단순한 일이 아니다. 중요한 것은 자재취급이 효과적(올바른 일을 하는 것)인 동시에 효율적(일을 올바르게 하는 것)이 되어야 한다는 것이다. 따라서, 자재취급비용을 최소화하는 것은 잘못된 목표이다. 올바른 목표는 공정 전체의 가치를 최대화하는 범위에서 자재취급비용을 줄이는 것이다.

### (6) 적정한 방법

효과적이고도 효율적으로 자재를 취급하기 위하여, 적정한 방법(right methods)을 도입해야 한다. 최근 자동화를 추진하면서, 고가의 물류 장비를 필요에 의하여 설치하지 않고 해법에 의하여 추진하는 경우가 많다.

그러면 과연 무엇이 적정하고 무엇이 그렇지 않은가? 가장 복잡한 방법이 항상 답이 되는 것이 아니다. 가장 최신의 방법이 항상 답이 되는 것도 아니다. 가장 비용이 적게 드는 방법이 항상 답이 되는 것도 아니다. 쉽게 말하면, 방법이 적정하다는 것은 적정한 자재를 적정한 양과 적정한 조건으로 적정한 시간에 적정한 비용을 들여 적정한 방법으로 공급시키는 것이다.

# 제4장
# 현장개선으로 가는 사상들

## 4.1 5S에 대하여

우리가 생산현장에서 자주 접하게 되는 용어 중에 5S란 것이 있다. 외부손님이 공장을 방문한다거나 할 경우에, 공장의 관리자들은 사전에 공장을 둘러보고는, 현장의 감독자에게 5S상태가 미흡하다는 지적을 많이 한다. 그러면 그 현장을 책임지고 있는 감독자는 자기가 담당하고 있는 현장이 지저분하다는 뜻으로 알아듣고는 청소를 열심히 하게 마련이다. 물론, 청소도 5S 항목 중의 하나임에는 틀림이 없겠으나, 문제는 5S란 것이 단순히 청소만의 대명사처럼 쓰이고 있다는 데에 있다.

5S는 종업원의 마음가짐을 바로 잡는 공장관리의 기본 개념으로 품질향상, 원가절감, 납기수준 향상뿐만 아니라 안전사고나 근무의욕 향상을 위한 것이다. 이는 정리(整理), 정돈(整頓), 청소(淸掃), 청결(淸潔) 그리고 습관화(躾)로 구성되며 각각의 개념은 다음과 같다.

(1) 정　리

필요한 것과 불필요한 것을 구분하여 불필요한 것을 현장에서 즉시 없애는 것을 의미한다. 예를 들면, 수명이 다한 공구가 그대로 방치되어 있다든가, 불량품이 폐기되지 않고 양품들과 함께 섞여 있는 경우에, 이것들을 찾아내 없애든지 또는 재사용에 대비하여 따로 장소를 마련하여 보관하는 것이다.

이를 위해서는, 우선 전 종업원이 참여하여, 당장 쓰지 않는 불필요한 것들을 찾아 Tag 등을 붙여 구분하도록 하는 것이 좋다. 구분이 완료되면 생산라인과 떨어진 별도의 장소에 이들을 모아 놓는다. 물론, 불필요의 선정대상은 오늘 쓰지 않는 것이다. 내일 사용할 물건이라도 오늘 쓰지 않으면 불필요한 물건으로 간주한다.

(2) 정 돈

정리가 되어 필요한 것들만 남아 있게 되었으면, 다음은 필요한 것을 쓰기 편하도록 배치해야 한다. 이것이 바로 정돈이다. 공구가 제자리에 없으면 공구를 찾아 이리저리 헤메어 시간을 낭비하게 되고, 다음 가공물이 제자리에 없으면 그것을 찾으러 다니는 경우도 있다. 그러다 보면 시간을 낭비하게 되고, 경우에 따라서는 다음 공정에 필요한 물건을 제때에 못대주게 되기도 한다. 그래서, 현장에서 사용되는 원·부자재, 공구, 치구, 소모품 등은 모두 놓는 곳을 정하고, 구획선으로 표시해서(보통 황색선이 많이 쓰임) 항상 제자리에 놓도록 해야 한다. 또한 이미 정리가 되어 현장에서 격리된 불필요한 물건에 대해서도 누구나 알아볼 수 있도록 표시를 하여 재사용시에 쉽게 찾고 꺼낼 수 있도록 하는 것도 중요하다.

(3) 청 소

청소란 두말할 필요도 없이 말 그대로 현장을 깨끗하게 청소하는 것이다. 이러한 청소는 눈에 뜨이는 통로만 하는 것이 아니고, 기계, 공구보관함과 같은 곳은 물론 작업장 구석구석까지 닦아야 한다. 오래 동안 방치하였다가 청소를 하려면 상당히 힘이 든다. 따라서 매일 일과 종료시에 일정한 시간을 정해 놓고(10분 정도) 정규작업처럼 실시하는 것도 좋다. 이 때 중요한 것은 작업자들이 청소는 업무의 일부라는 인식을 갖도록 하는 것이다. 청소는 품질유지, 설비보전 등 실무상에도 매우 중요한 영향을 미친다.

(4) 청 결

이와 같이 정리, 정돈되고 깨끗하게 청소된 현장이 항상 유지되도록 하는 것이 청결이다. 정리, 정돈, 청소를 실시하여도 현장이란 매일 매순간 살아 움직이고 있고 변화하고 있다. 따라서 정리, 정돈, 청소의 상태는 곧 흩어져 버리게 된다. 그러므로 원래의 상태로 즉시 복구하는 노력이 항상 필요하다.

(5) 습관화

이상에서 이야기 한 4S를 실천하기 위해서는 습관화된 마음가짐이 중요하다. 작업자 개개인은 항상 규정과 표준을 준수하고, 복장은 단정히 하고, 흡연 시간과 장소를 준수하고, 언

공장을 아주 훌륭하게
관리하는군요.
과찬이십니다.
어서 오십시오.

동을 조심하며, 주위를 깨끗이 유지해야 한다. 그리고 항상, 흩어진 상태가 눈에 띄면 저절로 손이 갈 정도로 전원의 마음가짐이 습관화가 되어야 한다. 일 년 중 몇 번, 날을 정해서 연중 행사로 5S 운동을 해서는 안된다. 이러한 습관화 수준에까지 도달한다는 것은 무척 어려운 일이기는 하지만 이것이 실현되기만 한다면 그 공장의 수준은 다른 것을 보지 않더라도, 일류 공장으로 판단하기에 지나침이 없을 것이다.

이상에서 5S에 대하여 살펴보았는데, 5S를 실시할 때 청소 이전에 반드시 정리와 정돈이 선행되어야 한다. 정리와 정돈이 안된 현장은 아무리 깨끗하게 청소를 해 놓아도 현장이 항상 복잡하고, 혼란스러워서 문제점이 눈에 잘 뜨이지 않게 된다.

여기에서 한 가지 짚고 넘어가야 할 점은 5S라는 용어에 관한 것이다. 이 용어를 사용하는 이유는 위의 다섯 가지 단어를 일본어로 발음하면, 머리 글자가 전부 S 발음으로 시작되어 일본에서 5S라고 쓰이는 것을 우리 나라에서도 그대로 인용해 쓰고 있다. 특히, 다섯번째의 습관화에 해당하는 한자는 우리 나라에서는 쓰이지 않는 한자(항상 몸을 아름답고 정갈하게 유지한다는 의미)로서 알맞게 번역할 말이 없어 흔히 '습관화' 또는 '마음가짐'으로 번역하여 쓰고 있는 실정이다. 이러한, 용어에 관한 부분은 하루 빨리 우리식으로 개발해야 할 과제로 남아 있다.

이와 같이 5S를 추진해야 하는 이유는, 이것이 결국은 종업원의 마음가짐을 바로 잡자는 공장관리의 기본중의 기본인 개념으로서 모든 공장관리 수단의 기본이 5S에서 출발하기 때문이다. 5S가 잘 되지 않는 공장일수록 불량이 많고, 안전사고도 발생하며 생산성도 오르지 않게 된다는 것을 관리자들은 의미있게 받아들여야 한다.

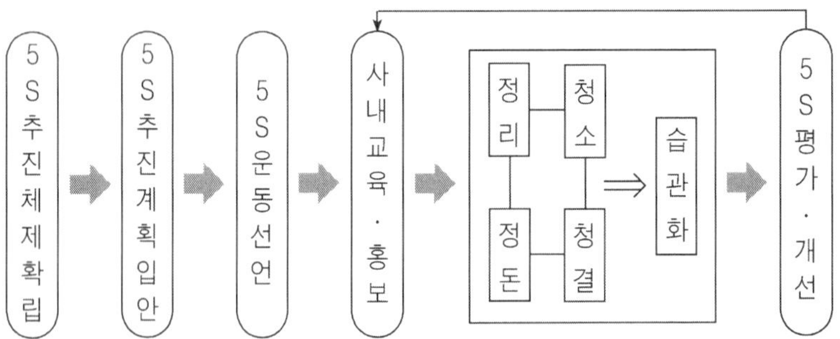


〈그림 4.1〉 5S 추진 방법과 전개

## 4.2 3정에 대하여

3정(定)이란 생정산라인중에 흐르고 있는 물건의 취급방법에 대한 개념으로서

"일정한 양을
일정한 용기에 담아
일정한 장소에 놓아둔다."

는 것을 의미한다.

이 말은, 언듯 듣기에는 너무나도 일반적이고 실행하기에 쉬운 것이라고 여겨질 것이다. 그러나 우리가 일상적으로 생활하면서 과연 어느 정도 실천하고 있는지 생각해 보자. 예를 들어, 사무실 서랍 안에 필기 도구가 잘 정리되어 있는지, 지난 몇 년 동안 내가 관리한 서류나 자료를 언제든지 빠른 시간 안에 찾을 수 있는지 따져 본다면, '그렇다'는 대답이 쉽게 나오지 못할 것이다.

3정이란 이론이 아니고 실천이 필요한 것이며, 5S와 같이 추진해야 하는 공장관리의 기본 중의 기본 개념이다. 3정의 각 개념은 다음과 같다.

(1) 일정한 양

항상 정해진 수량만큼의 물건을 용기에 담는다는 뜻이다. 한 개라도 더 담거나 덜 담지 않고 반드시 정해진 숫자를 엄격히 지키는 것이 중요하다. 이것이 잘 지켜지지 않으면 앞에서 말한 '눈으로 보는 관리'도 불가능해 지고, JIT와 같은 고도로 slim화된 생산방식은 시도조차 해 볼 수 없게 된다. '한 개 정도 차이가 난다고 무슨 문제가 있겠느냐?'고 생각할 수 있으나, 작은 부품 한 개만 부족해도 흐르고 있는 생산라인은 정지될 수 있다. 기본기부터 다져나간다고 생각하고 철저히 지켜지도록 전원에게 교육을 해서 습관화시켜야 한다.

### (2) 일정한 용기

물건에 따라 용기의 크기, 형상, 색을 지정하고 항상 지정된 용기에만 담도록 하는 것을 뜻한다. 이것은 물론 일정한 양을 담기 위해서 필요한 일이다. 용기가 일정하지 않으면 담는 수량을 일정하게 유지하기가 곤란하기 때문이다. 이렇게 일정량을 담기 위한 목적 이외에도 또 다른 이점은 '눈으로 보는 관리'를 위하여 꼭 필요하다. 생산현장에는 수많은 박스나 용기가 사용된다. 그러므로 물건별로 지정된 박스를 사용하지 않으면서 박스 숫자만 세어 보고서 재고를 파악한다는 것은 불가능하다.

### (3) 일정한 장소

일정한 장소를 지정하여 항상 지정된 장소에 용기를 놓아둔다는 뜻이다. 일정한 용기에, 일정한 양의 물건을 담더라도 그것이 공장 내 여기 저기 흩어져 있다면, 운반시간이 일정하지 않게 되어 생산 싸이클타임을 일정하게 유지할 수가 없게 된다. 또한 한 눈에 재고의 파악이 되지 않아 '눈으로 보는 관리'도 할 수 없다. 따라서 용기의 놓아 두는 장소도 일정한 장소를 지정하여 황색선 등으로 구획표시를 하여 용기가 항상 지정된 장소에 놓이도록 해야 한다.

이 때 주의해야 할 점은, 가능하면 작업자와 가까운 곳을 장소로 지정하는 것이 바람직하다는 것이다. 이것은 운반 낭비를 줄이기 위한 것으로 작업자가 운반작업에 가능한 적은 공수(man-hour)를 투입하도록 하여 피로도 감소와 공수 절감을 도모하는 것이다. 공장 내에서 아무리 먼거리를 운반하였다 하더라도 그 운반비용만큼 제품값을 올려 받을 수는 없지 않는가! 이와 같이 3정을 추진함으로써 얻어지는 장점은 다음과 같다.

① 작업이 수월해져서 생산성이 향상된다.
② 작업장에서의 안정성이 확보된다.
③ 생산정보의 획득이 용이해지고 눈으로 보는 관리가 가능해진다. 즉 생산현장에서 시시각각 발생하는 생산시점의 정보(재고량, 생산량 등)를 종이 없이 직접 파악할 수 있다. 따라서 공장관리자는 제조 진행 상태를 잘 파악하여 사실에 근거하여 관리할 수 있다.

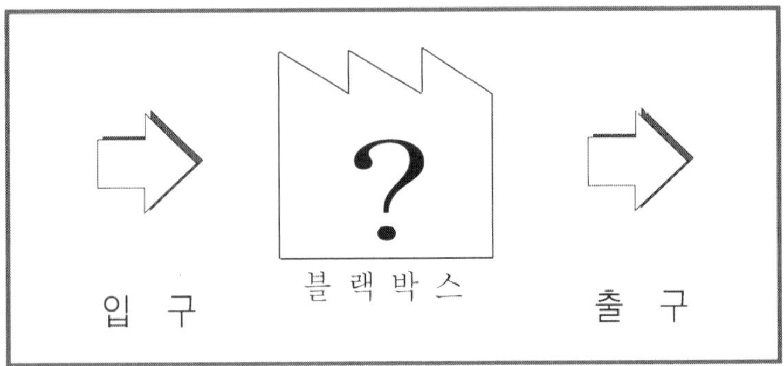


## 4.3 2종 물류는 절대 금지

비교적 관리가 잘 되는 공장을 방문할 경우, 그 공장의 여러 가지 장점을 보게 되지만 단점도 보게 된다. 그 중 가장 자주 눈에 뜨이는 점은 공장에서 3정과 5S를 너무 의식한 나머지, 전 부품에 대하여 모양 좋은 한 가지 크기의 부품 박스를 획일적으로 운영하고 있는 경우이다.

이것은 3정과 5S만을 생각한다면 물론 바람직한 일이 될 것이다. 그러나 문제는, 한 가지 크기의 용기를 보기 좋게 유지한다는 그 자체를 위하여, 부품을 담아왔던 부품업체의 용기에서 일일이 부품을 꺼내어 자기 공장의 모양 좋은 용기에 다시 옮겨 담는 데에 있다. 이러한 것은 전형적인 운반의 낭비라 할 수 있다.

업체의 빛바랜 용기에서 자기 공장의 보기 좋은 용기에 옮겨 담았다고 해서 부가가치가 올라가는 것은 아니다. 쓸데없이 인건비만 낭비하고 있는 것이다. 또 보기 좋은 용기에서 부품을 꺼내어 조립하였다고 해서 완성품이 보기 좋아질 리도 없다. 보기 좋은 용기에 담아서 값을 올려 받을 수 있는 것은 서비스업, 또는 유통업에서나 통할 수 있는 일이다.

그러므로 3정을 한다고 해서 무조건 모든 부품상자의 크기를 한 가지로 일정하게 하여서는 본래의 취지에서 어긋난다. 부품에 따라 상자 크기를 다르게 규정해야 한다. 부품 한 개마다의 크기에 의해서도 상자의 크기는 달라져야 하지만, 뒷공정의 필요수량에 따른 앞공정의 공급능력도 고려해야 하고, 공정간의 물류의 여건, 운반거리, 운반비용도 고려하여 결정해야 한다.

그러나 일단 정해진 부품에 대한 상자의 크기는 앞의 3정 항목에서도 말한 것처럼 항상 엄격하게 지켜야 한다.

그리고, 이러한 부품별 상자의 규격은 협력업체와 사전에 협의하여 결정해야 하며, 업체에서는 납품할 때부터 반드시 정해진 상자에 정해진 수량만을 담아오도록 한 후, 생산라인에 가장 가까운, 지정된 장소에 하역하도록 해야 한다. 그렇게 함으로써, 공장 내에서 다시 옮겨 담는 낭비를 하지 않도록 해야 한다.

그러나 모든 부품에 대하여 이러한 원칙을 적용할 수는 없다는 점도 우리가 간과하여서는 안된다. 예를 들어, K.D. 수입부품이라든가, 주조 및 단조품과 같은 경우에는 별도의 방안을 마련하여 관리를 해야 한다.

## 4.4 품질분임조의 운영

품질분임조란 같은 부서 또는 작업장에서 근무하는 사람들이 생산성과 작업개선 등의 문제를 분석하고 해결하기 위하여 정기적으로 모임을 갖는 소집단을 말한다. 한국에는 공식적으로 등록된 6,300여 개 업체에 약 10만이 조금 넘는 분임조원이 있는 것으로 발표되고 있고, 등록되지 않고 실시하는 분임조도 상당수가 있다.

인간은 사회적 활동에 참여하여 사회에 기여하고 자기가 잘한 일에 대하여 자랑하고 싶어 하고 인정 받기를 원한다. 경영자들이나 중간관리자들은 개인적으로나 공적으로 갖가지 모임에 참여한다. 그러나 현장에 근무하는 사원들이 평일에 어떤 공적인 모임에 참여한다는 것은 거의 드문 일이다. 그들은 아침에 출근하여 8시간을 생산이면 생산, 연구면 연구에 몰두해야 한다.

그러면 무엇인가에 참여하여 자기 존재를 알리고 싶은 그들의 욕망을 회사는 어떤 방법으로 채워 줄 수 있을까? 자신을 알리고 싶어하는 그 욕망이 해결되지 못하면 회사를 비판하고 상사를 비난하는 것으로라도 자신을 알리려 할 것이다. 1998년도 전국 품질분임조 경진대회에 발표자로 참가한 한 중견기업의 분임조장과 대화할 기회가 있었다. 그는 분임조에 참가하기 전에는 노조의 간부로 지냈다고 한다. 그는 회사에서 강성 노조로 소문날 정도로 회사에 비판적이었다고 한다. 그러나 분임조에 참여하여 활동하면서, 자기 자신이 회사의 유형적인 면을 개선하고 다른 사람이 자신을 인정해 주는 것에 매우 만족하기 시작하였다고 한다. 그래서 지금은 노조 활동은 그만 두고 분임조장으로써 열심히 회사 생활을 한다고 했다.

어떤 회사의 분임조 활동을 보면 매우 경직된 것을 볼 수 있다. 분임조원들이 자율적이고 자주적으로 활동을 할 수 있도록 해야 한다. 강제적으로 지시하거나 활동 결과에 대하여 부담을 주어서는 안된다. 활동만큼은 철저히 분임조원들의 생각대로 진행시켜야 한다. 회사는 회사의 목적과 방침의 범위 내에서 모든 활동을 허용해야 한다.

분임조 활동 발표시 발표자들이 종종 수준 높은 통계적 방법을 구사하는 경우가 있다. 어떤 관리자나 심사위원은 다소 잘못된 점을 모질게 비판한다. 물론 그 내역을 충분히 이해하고 사용해야 도움이 되는 기법을 전혀 모르는 상태에서 사용하는 것은 부자연스러울 수 있다. 그러나 한편으로는 발표자들 수준에서는 조금 어려운 기법이겠지만 점진적으로 활동 수준을 더 높일 수 있는 계기가 되는 것이다. 어려운 기법을 쓰는 것이 분임조 활동의 수준을 높이는 것이라고 할 수는 없지만 같은 일을 오래 하다 보면, 어려운 기법이라도 그러한 방법을 사용하지 않고는 문제의 해결이 쉽지 않은 것도 있다. 따라서 앞으로의 성장을 위해서도 잘못 사용된 기법을 비판하기보다는 장려하고 발표가 끝난 후 분임조원들을 만나서 지도해 주는 것이 좋을 것이다.

[표 4.1]은 기업에서 품질분임조 도입목표에 관한 미국과 일본의 비교 연구를 한국과 비교한 것이다. 이 연구에서는 품질분임조 도입의 관리적 목표를 여덟 가지로 비교했다.

[표 4.1] 품질분임조 도입 목적의 국제 비교

| 순 위 | 한 국 | 일 본 | 미 국 |
|---|---|---|---|
| 1 | 품질 향상 | 품질 향상 | 근로자의 만족 |
| 2 | 생산성 향상 | 근로자의 만족 | 품질 향상 |
| 3 | 근로자의 만족 | 생산성 향상 | 근로자의 참여 |
| 4 | 근로자의 참여 | 근로자의 숙련 | 생산성 향상 |
| 5 | 근로자의 숙련 | 근로자의 참여 | 근로자의 숙련 |
| 6 | 이직 및 결근 감소 | 이직 및 결근 감소 | 이직 및 결근 감소 |
| 7 | 인력의 유연성 | 인력의 유연성 | 인력의 유연성 |
| 8 | 노조의 약화 | 노조의 약화 | 노조의 약화 |

[표 4.1]에서 알 수 있듯이 품질분임조 도입 목적에 있어서 뚜렷한 특징으로, 한국과 일본의 경우 제품지향적 목적을 우선으로 하고 있으나, 미국은 인간중심적 목적을 우선으로 하고 있다. 이는 한국이 품질과 생산성 향상을 최우선 순위에 두고 있는 반면, 미국은 산업화의 부작용인 인간성 소외를 극복하려는 데에 분임

조 문제를 접근하고 있다고 해석된다.

현재 한국에서 품질분임조는 목적한 대로 잘되고 있는가? 1970년대와 1980년대에 활발히 추진되어 오던 품질분임소가 최근에 와서, 기업에 따라서 차이가 있으나, 문제점과 한계점에 봉착하고 있다. 문제점과 한계점이 왜 발생하였는지를 정리하면 다음과 같다.

(1) 제한된 주제 : 현장근로자 중심으로 구성된 품질분임조는 원가절감, 생산성 향상, 불량 감소, 낭비 제거 등 현장에 관련된 매우 제한된 범위 내에서 주제를 선정하여 활동하고 있다. 또한 분임조원이 현장 종업원으로만 구성되어 있어 문제를 스스로 해결하는 데 많은 한계를 갖고 있다.

(2) 분임조 활동에 대한 이해 : 전사적 품질관리와 품질분임조 활동을 동일시하여 분임조를 통해 모든 문제를 해결하려고 한다. 전사적 품질관리시스템 내에서 분임조는 단지 일부분이며, 다른 하부시스템과 유기적 관계를 유지하며 동시에 추진되지 않으면 원하는 목표를 달성하기 어렵다.

(3) 권한의 이양 : 대외적으로는 자주적 활동이라 하지만, 실제로는 반강제적인 성격을 띠고 있다. 자발적인 참여를 요구하고 있으나, 활동에 대한 권한과 시스템에 대한 권한은 부여하지 않고 관리자의 지시와 명령에 의해 운영되고 있다.

따라서 품질분임조의 한계점을 극복하기 위해서는 다음과 같은 극복 방안이 수행되어야 한다.

(1) 기본적 발상의 전환 : 기본적인 활동 목적을 유형적이고 단기적인 것에만 두어서는 안된다. 품질분임조는 지속적 개선을 성취하고 조직의 역량을 유지 및 발전시키기 위한 영속적인 소집단이라는 점을 먼저 분명히 해야 한다.

(2) 활동 및 주제 선정 범위의 확대 : 현재 분임조 활동은 작업현장에 관련된 제한적인 범위 내에서 문제를 찾아 해결해 나가고 있다. 이런 한정적인 범위 내에서 주제를 선정하기보다는 고객만족이나 프로세스 개선 등 보다 폭넓은 범위로 활동영역을 확대해야 한다.

(3) 자발적 참여와 권한 이양 : 근로자의 마음 속에서 진정으로 우러나와 자주적이고 자발적으로 참여하도록 추진해야 한다. 또한 종업원들에게 물리적인 보상도 좋으나, 권한과 책임을 이양하여 적극적인 활동을 유도하도록 한다.

(4) 조직체계의 조정 : 분임조 활동에 있어서 수평적 의사소통은 매우 중요하다. 그러나 현재는 지나치게 세분화되어 있고 분임조간의 정보 흐름이 원활하지 못하다. 따라서 작업근로자만으로 구성되는 것이 아니라 근로자, 관리자, 엔지니어 등 여러 조직원이 함께 참여하는 것이 필요하다.

즉 부서간의 경계선을 완화하고, 의사소통이 원활히 이루어 질 수 있도록 cross-functional팀 같은 것을 회사 내에 운영하는 것이 필요하다.

## 4.5 제안의 활성화

분임조 활동을 적극 추진해 나가는 데 있어서 제안은 매우 중요한 의미를 갖는다. 분임조 활동을 진행하는 데 있어서 개선을 위한 제안은 빼놓을 수 없는 중요한 요소인 것이다.

넓은 의미에서 볼 때 제안은 꼭 개선에만 한한 것은 아니다. 새로운 아이디어나 새로운 발상법에 의해 제출된 제안은 때로는 발명 특허도 낼 수 있는 획기적인 것이 될 수도 있다. 즉 제안은 분임조원뿐만 아니라, 전 조직원의 창의력, 사고력을 개발하여 생산작업 및 관리 전반에 걸친 개선을 위한 착상과 의견을 받아들이는 것으로, 품질을 향상시키고 생산성을 높이며, 원가절감과 경영합리화 등을 기함과 아울러 조직원의 능동적인 참여의식을 고취시키고자 하는 것이다.

조직원들이 제안을 하여 가장 기쁜 것은 제안이 채택되어 좋은 효과를 올리는 것이다. 자신의 노력이 열매를 맺어 '드디어 해냈구나'하는 만족감, 이에 따른 상장, 상금 그리고 회사에서 자신의 존재를 인식케 되는 것 등이 큰 매력이다. 또 제안으로 인한 개선의 상섬, 즉 '작업이 편하게 되었다', '환경이 깨끗하게 되었다', '안전작업을 할 수 있게 되었다' 등은 자신을 위하는 일도 되겠지만 회사를 위하는 일도 되는 것이다.

그러나 분임조 활동이 활성화되지 않은 공장에 방문하여 보면, 제안이 거의 나오지 않는 것을 알 수 있다. 그 이유로는 관리자가 무성의한 경우나, 분임조 관리를 비효율적으로 하는 경우, 혹은 재정적인 뒷받침이 없는 경우가 많다. 그러면 회사에서는 장려하는 데도 분임조들의 제안이 그다지 나오지 않는 이유는 과연 무엇일까?

그 이유는 대개 다음과 같다.

① 나는 원래 글쓰기를 싫어한다. 제안을 하려면 글을 써야 하는데 서툴다고 하여 비웃음을 받지 않을까?
② 제출된 제안이 채택되지 않으면 동료들에게 부끄럽다. 제안서를 작성할 때 망설이게 된다.

이런 망설임이 조직원들의 마음에 있는 한 좋은 제안은 나오지 않는다. 그러나 현재의 상태보다도 조금이라도 개선될 수 있는 것이라면 과감히 제안하는 것이 바람직하다.

관리자의 입장에서 조직원들이 어떻게 하면 제안활동을 활발히 하도록 할 수 있을까? 분임조원들에게 다음과 같이 해 보자.

① 채택이 되나 안되나 성심껏 제안하도록 한다.
② 단번에 큰 효과를 올리는 것은 쉽지 않다. 작은 개선을 계속 하는 가운데 큰 효과가 생겨난다는 것을 인식시킨다.
③ 제안을 내기 전에 정말 이 제안이면 합당한가를 확인하도록 한다.

④ 남의 제안이 높게 평가된다고 해서 너무 부러워하거나 나의 제안을 부끄러워하지 않도록 한다.
⑤ 자기 제안은 자기가 평가하지 말도록 한다.

## 4.6 개선반 운영

지금까지 우리가 짚어 보았던 공장운영의 기본 사상을 기준으로 현장을 살펴 본다면, 공장 구석구석에 개선할 점이 많이 눈에 뜨이게 될 것이다. 또한 현장 작업자의 개선 제안에 의해서도 개선해야 할 부분이 드러나게 된다. 이러한 개선사항 중에는 비용과 시간이 많이 소요되어 경영층의 품의를 받고 시행해야 할 일도 있겠으나, 간단히 현장에서 용접작업이나 선반작업 등으로 해결될 수 있는 일도 있다. 오히려 후자쪽이 대부분이라고 할 수 있다.

이러한 후자의 경우 일일이 시행품의 등을 받고 시행한다면 개선의 속도도 떨어지게 되고, 오히려 역효과가 생길 수도 있다. 따라서 현장에 개선반을 조직하여 어느 정도의 설비와 자재 등을 공급하여, 후자에 해당하는 개선사항 정도는 각 생산라인의 책임자(반장이나 직장 등)가 직접 개선반의 책임자에게 의뢰하여 처리하도록 하는 것이 바람직할 것이다. 그리하여 그 결과만 월말이나 분기말에 집계하여, 개선효과 등을 파악하면 될 것이다.

개선반의 또 다른 역할은 현장 작업자의 Buffer 지대로 활용할 수 있다는 것이다. 예로서, 생산량을 줄여야 할 상황에 닥쳤을 때, 생산속도를 줄이기 위하여 작업자에게 다른 담당공정을 추가시키게 되면, 이로 인해 라인 내에서는 잉여인력이 생기게 될 것이다. 이런 잉여인력을 개선반에 배치하여 생산라인이 안정될 때까지 임시로 활용하는 것이다. 그렇게 해서, 평상시에 바빠서 하지 못했던 공장의 불합리한 점들을 개선시켜 해소해 나가는 것이다. 이런 일의 구체적인 예를 들자면, 헐거워진 공구 손잡이의 조임이라든지, 또는 새로운 아이디어에 의한 치공구 개선 등이 있고, 또 잠궈도 항상 조금씩 새고 있는 압축공기밸브의 교체, 셋팅교환의 연습 등이 있다. 이렇게 하면 불경기에도 감원을 시키지 않고 원가절감을 도모할 수 있다. 이와 같이 개선반은 활용만 잘 한다면 많은 원가절감을 할 수 있다.

단, 이 때 주의해야 할 점은 개선반원으로 배치받게 되는 사람의 사기문제인데, 자칫하면 본인이 생산라인으로부터 밀려난다는 인상을 갖게 되기 쉽다. 따라서 개선반에 배치할 사람을 인선할 때에는 반드시 ① 해당 라인의 베테랑부터 빼내는 것이 좋고, ② 정기적으로 구성원을 교체하여 주는 것이 좋다. 왜냐하면, 평소 뒤처진 사람을 고정 멤버로 배치할 경우, 개선반은 퇴역장병 집합소와 같이 되어 개선은 커녕 근무 분위기만 해치고 심하면 노사간의 불화의 온상으로 변질될 수도 있기 때문이다.

## 4.7 작업 표준서 작성

작업표준서는 현장에 따라서는 작업요령서, 작업지도서 또는 작업기준서 등 여러 가지 이름으로 불리운다. 그러나 명칭이야 어떻든 간에 중요한 것은 제조현장에서 행해 지고 있는 생산작업의 수행에 대한 여러 조건을 표준화한다는 것이다.

이와 같이 작업을 표준화하는 이유는, 현장에서 누가 언제 작업을 하더라도 항상 일정한 품질의 제품이 일정한 속도로 만들어 지게끔 하는데 목적이 있다. 그러므로 생산기술부서에서 공정작업표가 완성되면, 생산부서에서는 공정작업표에 근거하여 실제 현장에서 작업자가 작업하는 데에 표준이 되는 작업표준서를 작성하여 작업자들에게 교육시켜 시행되도록 해야 한다.

작업표준서를 작성하고 운영할 경우 다음 사항을 유의해야 한다.

(1) 초보 작업자가 배치되어 작업을 하더라도 쉽게 알 수 있도록 작성해야 한다. 이렇게 하기 위해서 글 대신에 그림을 많이 넣어 작성하는 것이 좋으며, 또한 글씨도 큰 글씨가 좋고, 한글을 사용하는 것이 원칙이다.

(2) 일단 작성된 작업표준서는 작업자가 보기 쉽도록 작업자의 눈 높이에 걸어두는 것이 중요하다. 간혹, 업체들 중에는 작업표준서는 훌륭하게 작성하였는 데, 이것을 높이 걸어 놓아 작업

자가 일부러 고개를 들고 보아야만 볼 수 있게끔 하는 곳도 있다. 이러한 것은 외부 손님들에게는 전시 효과가 있을지는 모르지만, 실제 생산 작업자에게는 별로 도움이 되지 못한다.

(3) 작업표준서는 원칙적으로는 작업현장의 감독자(반장이나 직장 등)가 자신의 책임 하에서 작성하는 것이 기본이다. 왜냐하면 생산기술부서에서 일단 공정작업표가 완성되면, 생산하고자 하는 제품의 5M에 대한 원칙은 이미 결정된 것이다.

따라서, 생산부서에서는 공정작업표의 가이드 라인 내에서, 산포가 생기지 않으면서 효율적으로 쉽게 작업이 이루어 지도록 해야 하는데, 이에 대한 요령은 현장감독자가 오랜 경험을 통해서 가장 잘 알기 때문이다. 그리고 현장감독자는 작업자에 대하여 안전작업요령, 자주검사방법 등을 교육시키고 시범한 후, 작업자의 행동을 관찰하면서, 자신의 책임 하에서 조직을 이끌고 나가야 한다.

그러나, 국내의 현실을 보면 아쉽게도 이러한 능력을 갖춘 현장감독자가 그리 많다고 할 수 없다. 따라서 현실적으로는 작업표준서를 생산기술부서 또는 생산부의 기술자들이 대신 써 주는 경우를 많이 보게 되는데, 사정이 그러므로 당장은 어쩔 수 없다 할지라도 궁극적으로는 올바른 방향으로 나아가도록 현장감독자에 대한 교육을 해야 한다.

(4) 작업표준서를 반드시 현장에 게시해야 하는 것은 아니다. 작업자들의 수준이 어느 정도 이상이 되는 공장의 경우에는 초기의 교육으로도 쉽게 숙달이 가능하므로 반드시 현장게시가 필수적인 것은 아니다. 그러나, 우리 나라의 현실에서는 작업자의 수준이 그렇지가 못하고, 표준을 지킨다는 것에 대한 의식이 대체로 확고하지 않으므로, 일단은 현장에 게시하여 지키도록하는 것이 바람직하다.

## 4.8 생산시점의 기록관리

앞에서 잠깐 로트관리의 중요성에 대하여 이야기 하였지만, 우리는 현장에서 생산목표 달성에 열중한 나머지 생산된 제품의 제조이력에 대한 기록에는 무관심하거나, 또는 소홀하게 다루고 있는 경우를 종종 보게 된다. 물론, 생산현장에서는 생산목표를 달성하는 것이 중요한 과제임에는 틀림 없을 것이지만, 아울러 생산공정중에 품질특성치의 변동, 작업 조건, 특별 조치 사항, 설계변경 등을 기록하는 것은 매우 중요하다. 물론, 이러한 일은 귀찮고 또 낭비적인 일이라고 생각할지 모른다. 그러나 생산 현장이라는 곳은 항상 살아서 움직이는 곳이다. 그렇기 때문에 생산현장에는 항상 변화와 변경이 생기게 된다. 그러다보니, 생산공정이 안정되어 있다 하여도 품질특성치에는 기대 이상으로 산포가 발생하게 되고, 경우에 따라서는, 몇 개의 제품이 규격을 벗어나도 어쩔 수 없이 생산을 계속해야 하는 경우도 발생하게 된다.

또, 변경내용에 대한 성능상의 검증을 한 후 적용하였더라도, 출고 후에 의외의 문제를 일으키는 경우도 있다. 또한 변경사항에 대한 성능상의 검증을 할 시간적 여유가 없는 경우에는 관리자의 경험에 의한 직관으로 판단하여 출하시키는 경우도 종종 있다.

이러한 경우에 만일 변경내용에 대한 기록이(어느 날짜부터 변경적용 되었다든가, 또는 ○○번부터 ○○번 로트까지 특별채용 하였다든가 등) 남아있지 않다면, 변경내용으로 인하여 A/S에서 문제가 발생되어 교환이나 수리 등을 실시하게 될 경우에는, 앞에서 이야기하였듯이 기업에 엄청난 피해를 주는 경우가 발생하는 것이다.

예를 들어 보자. 엔진공장에서 Crank Shaft를 가공한 후에 외경을 측정하는 자동 측정기가 고장을 일으켜 100대분을 수동으로 측정하여 출하하였다고 하자. 그런데 나중에 파악하여 보니 수동측정을 하였던 작업자가 실수로 측정기의 눈금을 잘못 읽은 것이 밝혀 졌다. 이 때에 가장 먼저 파악해야 할일은 '문제의 100대분의 Crank Shaft가 언제 어느 차에 부착되어 출고되었는가?'하는 것이다. 만일 이러한 내용이 기록으로 남아 있지 않다면 어림 짐작으로 추정하는 수밖에 없을 것이다. 이런 경우에는 안전율까지 감안하여 실제 200~300대분의 엔진을 교환하게 될 수도 있다. 더욱이 해외 수출차량에서 이러한 문제가 발생했을 경우에는 그 처리비용은 엄청나게 커질 수도 있는 것이다. 이렇게 본다면 생산시점에서의 기록은 제조공장에서는 매우 중요한 업무가 되는 것이다.

또 한 가지, 생산시점에서 기록을 하는 것이 중요한 이유는 기술축적의 효과와 지속적인 개선을 가능하게 한다는 것이다. 여러 가지 변경내용들에 대한 기록유지가 잘 되어 있으면 사후에 동일한  문제가 발생하였을 때, 원인파악도 쉬워지고 또 이러한 상황에 대한 대책수립도 정확하게 되어, 재빠른 조치를 취할 수 있으며, 5M의 개선점을 파악하여 품질변동을 줄일 수 있다. 또한 이러한 개선내용들을 설계에 반영할 수도 있고, 공정작업표, 제조공정도, 검사규격 등의 표준류에도 반영하여 한 단계 높은 품질과 생산성을 지닌 공장으로 발전할 수 있는 것이다.

최근 대기업 중심으로 생산시점 정보관리(POP : Point of Production)를 공장 내에 추진하는 사례가 늘고 있다. 이는 생산현장에서 시시각각 발생하는 생산시점의 정보를 종이 없이 정보발생원으로부터 직접 실시간(real time)에 파악하고 처리하여 현장관리자에게 제공하는 시스템이다. 생산시점의 기록관리는 '생산시점 정보관리'의 기초이자 공장개선의 기초이다.

## 4.9 자재 표준화

연간 100억 원 규모의 전자 장난감을 생산하고 있는 중소기업체에 대한 이야기를 들은 적이 있다. 이 회사는 각종 자재를 평균 6개월분을 확보하여 자재창고에 보관하고 있다고 한다. 그러나 어떤 부품은 개당 20원밖에 안하는데 그것을 못 구해서 작업을 중단한 경우도 발생하였다고 한다. 부자재를 포함, 각종 자재의 종류가 700여 가지가 있고, 어떤 자재는 한 쪽 구석에 먼지가 쌓인채 놓여 있기도 하다.

이 창고의 자재를 가격으로 치면 평균 약 10억 원 정도가 된다고 한다. 그런데 사장은 자금 때문에 현장에는 거의 못 나오고 여기저기 자금을 확보하시느라 바쁘다고 한다. 돈을 창고에 10억 원씩이나 놔두고 엉뚱하게도 은행에 가서 자금을 구하고 있는 것이 아닌가 생각된다. 과연 6개월분의 자재를 확보하고 있어야 하는가. 이 자재를 1개월 미만으로 줄일 수 없는가? 만일 재고량을 줄이고, 자재수를 줄일 수 있다면 자재비용은 크게 줄어들 것이다.

이 회사의 어떤 중견간부는 많은 자재의 종류를 확보하는 이유는, 최근 고객의 다양한 요구를 충족시키기 위해 유사한 제품을 다양하게 만들어야 하므로, 많은 종류의 자재가 필요하다고 한다. 또한 빠른 시간에 제품을 생산하여 시장에 내놓아야 하는데 자재의 종류와 업체가 다양해서 미래에 대한 시장 예측 하에 자재를 미리 구입한다고 한다. 따라서 각종 자재들이 증가하게 된다. 그러다가 갑자기 예상 밖으로 제품 판매가 중단되면 그 자재들은 창고에 쌓여 사장되어 버린다고 한다.

과연 다양한 제품을 만들고, QCD의 D(납기 혹은 timing)를 만족시키기 위해서는 많은 종류의 자재를 확보하여 C(비용)를 포기해야 하는가. 대답은 'No!'이다.

이런 문제에 대한 해결방법의 하나로 자재표준화가 있다. 표준화란 표준을 합리적으로 설정하여 활용하는 조직적 행위로써 통일화(Unification)와 단순화(Simplification)를 목적으로 한다. 통일화는 둘 이상의 방법을 합하여 하나로 만드는 일이고, 단순화는 품종, 구조, 방법, 체계 등을 검토하여 복잡성을 줄이는 것이다. 이와 같이 통일화와 단순화를 추진하여 필요한 자재의 수를 줄여나가는 것이다.

표준화는 통일화와 단순화를 통하여 숫자를 감소시킴으로써 그 효과가 매우 커지게 되는 것이다. 소비자 입장에서 보면, 품질이 좋고 가격이 싸고 그 기능이 만족스러우면, 그 상품을 산 보람을 갖게 된다. 그런데 판매 분야에서는 판매가 부진하다든가 경쟁사 제품과 단순 비교하여 상대가 어떤 특징을 갖게 되면, 종류를 늘리거나 포장을 변경시키는 것 등이 요구된다. 이렇게 되면 그것을 만들어내기 위한 설비, 방법도 늘어나고 자재 종류도 늘어나게 된다. 유통 단계에서도 물량이나 공간이 증대되어 비용이 증가하게 된다. 자재 표준화란 이러한 부적당한 요소를 제거하여 합리화시키는 것이다.

그동안 국내에서는 같은 용도의 부품이나 소재라도 이를 공급받는 대기업별로 규격이 제각각인 경우가 대부분이었다. 부품을 공급받는 대기업이 어디냐에 따라 부품의 모양과 크기에서부터 시험방법 등이 달랐다는 얘기다. 심지어 일부 기업은 경쟁기업에 공급하지 않는다는 것을 전제로 부품을 납품받기도 했다.

그러나 1997년부터 우리 나라가 맞이한 IMF사태를 극복하고, 세계 시장에서 경쟁력을 확보하며, 비환경친화제품에 대한 무역 상벽을 극복하기 위해 자동차, 가전제품, 포장재 등을 중심으로 자재 표준화 바람이 일고 있다. 자재 표준화에 의한 대표적인 장점들로는 다음과 같은 것들이 있다.

① 자재 표준화는 품질의 신뢰성과 호환성을 높인다.

② 자재 생산업체의 기술축적은 물론 생산업체나 수요업체 모두 비용을 절감할 수 있다.
③ 자재 표준화는 국제표준에 맞게 추진되기 때문에 수출시 무역상 기술장벽이나 통상마찰 소지를 사전에 해소할 수 있다.
④ 자재 표준화는 기업들로 하여금 글로벌 생산체계를 가능케 해 기업의 경쟁력을 높일 수 있다.
⑤ 자재 표준화로 환경친화적인 제품을 생산할 수 있다. 부품의 절감, 재활용, 재사용, 재생산 등을 더 현실적으로 추진할 수 있다.

## 4.10 문제해결에 임하는 자세

일반적으로 현장에서 어떤 문제가 발생하였을 경우, 그 문제는 보고 절차를 거쳐 과장 또는 부장에게 보고된다. 그러면 관리자는 문제에 대한 해결방안을 지시하게 되는데, 이 때에 관리자가 현장의 사정과는 맞지 않는 지시를 하게 되는 경우가 종종 발생하게 된다.

사실, 오래된 경험을 지닌 관리자라면 문제 발생의 내용은 구태여 현장을 가서 보지 않더라도 알 수 있는 사안이 대부분일 것이다. 따라서, 보고를 듣는 즉시 그 자리에서 처리 방침을 지시하게 되는 것이다. 또 현장관리자들이 바쁜 일과 중에 항상 현장에만 머물러 있을 수도 없기 때문에 그렇게 하는 것이 현실이다.

그러나, 보고만 듣고 판단하다가는 실제 문제의 핵심과는 동떨어진 엉뚱한 지시를 할 수도 있는 것이다. 여러 가지 경우가 있겠지만, 특히 경험이 적은 직원이 내용파악을 재대로 못하여 중요한 것을 중요하지 않은 것으로 간주하고, 데이터를 만들어 보고하는 경우에 발생할 수 있다.

따라서, 가능하다면 모든 문제는 일단 현장에 가서, 현물을 보아야만, 정확히 문제의 핵심에 접근한 현실적인 조치를 할 수가 있게 되는 것입니다. 이것이 다음과 같은 3현주의이다.

"현장에서
현물을 보고
현실적으로 조치한다."

물론 어느 정도의 문제까지 3현에 입각해서 조치를 취해야 하는가에 대해서는 명백하게 구부선을 그을 수야 없지만, 항상 주의를 기울여서 신경을 써야 한다. 그래도 간략하게나마 기준을 세워본다면 우선 현장경험을 많이 쌓지 않은 사람일수록 현장확인을 해야 한다. 그리고 또 새로운 문제일 경우는 그것이 비록 경미한 문제처럼 보일지라도 현장확인을 하는 편이 좋을 것이다.

이해를 돕기 위해 필자가 겪었던 경험을 한 가지 소개하겠다. 어느날 "엔진 조립라인에서 스파크 플러그 보호 튜브의 압입이 되지 않는다."는 보고를 받았다. 그래서 "그 원인은 무엇인가?"고 질문하니, 그 담당자는 "튜브의 내경이 일정하지가 않아서 압입 치구에 삽입되지 않는 것이 있다."는 대답이었다. 그와 아울러 그 담당자는 "도면에 의하면, 튜브의 외경과 철판두께만 규제되어 있고, 내경규제는 없다."는 것이었다. 그래서 필자는 순간 '아! 우리 나라의 파이프는 두께가 균일하지 않은데, 이것도 그러한 문제에서 기인한 것일 것이다."고 판단하고, 담당자에게는 그에 맞는 대책을 업체에 요구하도록 지시를 하였다.

며칠 뒤, 다른 일을 보다가 그 일을 다시 파악해 보았더니 문제의 진짜 원인은, 파이프두께의 문제가 아니라 파이프 컷터의 날이 마모되어 컷팅 시 파이프가 눌려서 찌그러져 생긴 타원현상이었다. 그래서 즉시 그에 맞는 개선을 하도록 재지시 하였다. 이와 같이 현장에서는 현장을 정확히 파악하지 않고, 보고에만 의존하다보면 유사한 실수를 할 가능성이 얼마든지 존재하는 것이다.

현장에서 현물을 보고
원인을 알아낸다.

## 4.11 문제해결의 사고방식

우리는 흔히 현장에서 어떤 문제가 발생하였을 때 그 눈제를 해결하기 위하여 원인부터 파악하려 한다. 이 때 문제를 해결할 담당자의 원인 조사방식을 보면 흔히 1차원인 파악 단계에서 결론을 내리거나, 또는 한 단계 더 한다면 2차원인 정도까지만 파악을 하고 결론을 내리는 경우를 종종 보게 된다. 물론 단순한 문제라면 그 정도에서 문제의 핵심이 나오게 되고 그에 따른 재발방지 대책의 수립이 가능하겠지만 조금 복잡한 문제의 경우에는 그렇치 못할 수도 있다.

예를 들어 보자. 우리가 흔히 겪는 문제이지만 공작기계의 모터가 고장이 나서 멈춘 경우를 가정해 보자. 우선 모터를 분해해서 보니, 모터 내부의 로터와 스테이터가 닿아서 긁힌 흔적을 보게 되었다고 하자. 긁힘 발생원인을 찾기 위하여, 그 다음으로 로터를 지지하는 샤프트를 조사해 보았다. 그 결과, 샤프트에 흔들림이 있다는 것이 발견되었다. 이 흔들림 때문에 회전중 스테이터와 간섭을 일으켰다는 것을 추정해 낼 수 있을 것이다. 그래서 흔들림이 생긴 원인을 추적해 보니, 샤프트를 양 쪽에서 지지하는 베어링에 틈새가 생겨 헐거워져 있는 것을 찾아내게 되었다. 이쯤 되면 누구나 베어링을 교환하고는 문제를 종결지으려고 할 것이다.

그러나, 여기에서 베어링을 교환하는 것으로 그치지 말고 베어링의 헐거워진 원인을 한 단계 더 깊이 찾아야 할 것이다. 그러기 위해 베어링의 내외륜을 자세히 조사해 보면, 그 사이에 이물질로 인한 Pitting이 심하게 발생되어 있는 것을 발견하게 될 것이고, 이물질의 출처를 찾아보면 그리스(grease) 주입시 이물질이 끼어 들어간 것을 알게 될 것이다. 즉, 모터 손상의 핵심원인은 그리스 보관통의 보관상태가 나빠서, 보관통에 이물질이 섞여 있다가, 그리스 주입시에 베어링에 끼어 들어가, 베어링을 조기에 손상시켰던 것이다. 따라서, 이 문제의 근본 대책은 그리스 보관통에 뚜껑을 씌워야 한다. 여기에서, 우리가 단순히 모터고장의 원인을 베어링만으로 생각하여 베어링만 교환하고 그대로 다시 기계를 가동했다면 얼마 안가서 똑같은 고장이 또 발생하게 될 것이다.

이와 같이 원인의 원인을 찾아서 '왜 그랬을까?'를 5 단계 정도 반복하여 파고 든다면 안 풀리는 문제가 없을 것이다. 이 또한 현장근무를 하는 사람들이 문제점에 접근할 때에 항상 마음 속에 지녀야할 기본 자세라 할 수 있다.

## 4.12 현장개선의 사고방식

현장 작업개선은 현장관리자의 입장에서는 항상 염두에 두고 있어야 할 가장 기본적인 업무이지만, 경우에 따라서는 위로부터 개선목표에 대한 할당을 받는 경우도 있어, 관리자에게는 일종의 중압감으로 인식되는 경우도 있다.

이러한 이유 등으로 인하여, 대부분의 경우에는 과시성 실적에만 초점을 맞추고 일하다 보니, 애써 현장개선을 위한 아이디어를 짜내기보다는 설비를 대폭 개조하여 자동화를 한다거나, 고속화를 하는 데에 착안하여 손쉽게 실적을 올리려는 경향이 종종 있다. 이렇게 하면 전시효과면에서도 유리하고, 또 전문업체에 발주를 주면 되므로 담당자의 입장에서는 힘이 덜드는 방법이 되기도 한다. 소위, Catalogue Engineer의 전형적인 모습이 되는 것이다. 그러나 개선이라는 것은 작업개선을 먼저하고 그 다음에 설비의 개선을 하는 것이 원칙이다. 다시 말하자면, 돈 안들이는 개선부터 먼저하고 그 다음에 돈을 들이는 개선을 해야 한다는 것이다.

이렇게 하는 이유는 다음과 같다.

(1) 개선이라는 것은 한 번에 몇 개의 계단을 뛰어 넘는 개혁(innovation)이 아니다. 개선이란 지속적으로 그리고 끊임없이 향상시키는(continuous improvement) 것이다. 오늘의 방법보다 내일 더 좋은 방법이 생각날 수도 있고, 또 오늘 한 것이 실패하였서도 다시 시도해야 하는 수도 있는 것이다. 그런데 한 번에 많은 금액을 투자한 설비개선을 하는 경우에는, 이러한 2차 혹은 3차 개선을 하기가 어렵게 되는 것이 보통이다.

자! 우리 함께
시도해 봅시다!
음, 어쩌지.. 잘
안될 것 같은데...

(2) 어떤 부분의 설비개선은 자칫 라인의 조화를 깨뜨릴 수도 있다. 설비를 개선하면 대개 해당 공정은 고능률화되기 마련이다. 그러나 이 때 다른 공정들도 그에 맞추어서 똑같이 능률이 올라가 있지 않다면 라인 전체의 조화는 깨지게 되어 이로 인해 생산현장은 혼란에 빠지게 되기도 한다. 즉 효과적이고 효율적으로 공장을 운영하기 위해서는 생산시스템이 체계적으로 운영되어야 한다는 것을 항상 유의해야 한다.

그러므로 현장개선이라는 것은 반드시, 현재의 상태에서 돈 안드는 작업개선부터 실시한 후에, 라인의 조화를 유지하면서 돈이 드는 설비개선으로 옮겨감이 옳은 순서일 것이다.

## 4.13 현장관리자의 자세

현장을 이끌어 가면서 목표로 정한 QCD를 달성해야 하는 현장관리자의 책임은 실로 무겁고도 중요하다. 이러한 목표달성을 위해서는 현장작업자들의 협조가 가장 중요하다.

관리자가 현장작업자의 협조를 얻어내기 위해서 무엇보다도 신경을 써야 할 점은 위화감을 주는 언행을 해서는 안된다는 것이다. 간혹 경력이 짧은 관리자 중에는 현장에 나아가기를 꺼려하거나, 귀찮아 하기도 하고, 또 현장에 나아가서도 소위 부잣집

외아들처럼 행동하는 그런 사람들이 있다. 그러나 이런 자세로는 작업자들의 호응을 얻지 못할 뿐 아니라, 본인의 발전을 위해서도 결코 바람직하지 못한 행동이다.

현장에 가는 사람은 반드시 회사의 유니폼(상·하의)과 모자, 안전화 등을 착용해야 하며, 바지주머니 등에 손을 찌른다거나 혹은 뒷짐을 지고 다녀서는 안된다. 현장에서 작업자들이 지키는 규칙은 똑같이 지키며, 문제 해결을 위하여 물건을 조사할 때에는 손에 기름 묻히기를 주저하지 말아야 한다. 간혹 면장갑을 끼고서 물건을 만지는 관리자도 있지만, 이러한 것은 위화감을 줄 뿐 아니라, 실제로 현상을 파악하는 데도 적절하지 못한 방법이다. 현물을 조사할 때에는 눈으로 보고 파악하는 것뿐만 아니라 손의 감촉으로도 느껴야 할 부분이 의외로 많기 때문이다.

예를 들면, 손으로 만져보아 상황을 파악할 수 있는 것들은 다음과 같다.

· Burrr의 정도
· 표면 거칠기의 정도
· 표면온도
· 오염물의 고착상태
· 모서리의 날카로움
· 윤활유의 노후도

손에 기름 묻히기를 두려워하는 사람은 장기적으로 볼 때 기술

사무원은 될 수 있을지언정 진정한 기술자가 될 수는 없다. 현장은 그야말로 산 교육의 장이며, 개선의 무한한 가능성을 지닌 보물창고인 것이다. 또한 작업자들과 손발을 같이 맞추어야 개선활동도 활발히 수행할수 있고, 작업자들을 리드할 수 있다. 앞에서도 언급하였듯이, 현장관리자들은 3현주의에 입각하여 현장에 나아가서 모든 것을 처리하려는 마음가짐을 항상 지니고 있어야 한다.

# 제5장
# 보조관리 사상들

**Q** 1. 지금까지 현장관리에 관하여 많은 이야기를 들었습니다. 그런데 이외에도 관리해야 할 것들이 더 있습니까?

**A** 1. 예, 있습니다. 지금까지는 생산활동에 직접적인 관련이 있는 개념들을 다루었습니다만, 그것만 가지고는 현장관리를 완벽하게 해 나가기에 부족합니다. 완벽한 현장관리를 위해서는 이외에도 노사관리, 안전관리, 교육관리, 보안, 환경 등에 대한 관리도 필요한 것입니다.

**Q** 2. 다섯 가지 정도나 더 관리를 해야한다니, 정말 어렵다는 느낌이 드는데요. 그것들을 한 가지씩 설명을 해 주시지요.

**A** 2. 예, 그러면 '노사관리'부터 설명하겠습니다.

노사관리의 중요성은 새삼 이야기를 하지 않아도 잘 아시리라고 생각합니다만, 노사관리에 실패했을 때 발생되는 생산현장의 피해는 그야말로 막대합니다. 금전적으로는 말할 것도 없고, 종업원들이 심리적으로 불안정하게 되어 불량품이 증가한다든지, 심적인 중압감이 쌓여 일하기가 힘들어지고, 인간관계가 악화되기도 하는 것입니다.

이러한 노사문제는 사전에 예방을 하는 것이 중요한데, 다음과 같이 다섯 단계를 실행하는 것이 바람직 합니다.

① 올바른 인원채용 방법
② 심성교육 실시

③ 종업원에 대한 생활관리
④ 관리자의 솔선수범
⑤ 관리자의 부단한 관심

첫째로 채용시부터 잘 해야 합니다. 신규사업추진시 대개, 인건비를 절감하기 위해 필요인원을 가능한 천천히 뽑아 생산개시 직전에 작업공정에 투입하려는 경향이 있습니다. 그런데 이럴 경우, 채용담당부서는 인원 선발에 충분한 여유를 가지지 못해 사원들의 기본 인성, 자질 등을 충분히 고려치 못하고 머리수만 채우는 식으로 채용하게 마련입니다. 이렇게 채용된 인력들은 양질일 확률이 적습니다.

따라서, 다소 인건비의 지출이 있더라도 사전에 충분히 시간 여유를 두고 채용계획을 세워야 합니다. 즉 신중하게 여러 가지 검증 수단을 통해서 채용해야 하는 것입니다. 1차에 만족할 만한 인원이 다 뽑히지 않으면 2, 3차에 걸쳐 뽑을 수 있는 여유를 가져야 합니다. 입사 후에 노사문제가 일어나 겪는 피해를 생각한다면, 사전에 인건비를 어느 정도 지출하는 것은 아무 것도 아닐 것입니다.

또한, 채용 면접시에는 반드시 공장의 책임자급 중역이 면접위원(3인 이상이 바람직함)의 일원으로서 직접 참석해야 합니다. 이것은 피면접자에게는 자기가 입사하려는 회사에 대한 책임감을 느끼게 하는 면도 있겠으며, 또한 사회의 경험이 풍부한 중역급이 한 사람 정도는 참석하는 것이 면접 신뢰도를 높일 것입니다. 그리고 기존의 사원들에게도 '회사는 종업원에게 대하여 항상 신중하게 대하고 있구나.'하는 심리적인 안정감도 줄 수 있습니다. 간혹 인원채용을 인사과장 등에게 전담시켜, 근로자를 가볍게 뽑는 경우를 보게 되는데 이것은 그야말로 무책임한 채용방법인 것입니다.

**Q** 3. 과연 직원채용은 신중하게, 정성스럽게 해야 되겠군요! 그러면, 그 다음으로 고려해야 할 것은 무엇입니까?

**A** 3. 예, 둘째로는 채용된 사람들에 대한 철저한 심성(心性)교육이 필요합니다. 일단 회사에 입사하게 되면 그 회사의 일원으로서 지켜야 할 기본적인 예절, 도덕, 규칙 등을 상세히 안내하고 교육을 시켜서 반드시 지키도록 육성해야 합니다. 어느 회사에나 그 회사 나름대로의 문화와 특성이 있습니다. 그런 것을 몸에 배게하여 회사인으로서의 기본을 준수하게 하는 것은 조직문화를 유지하기 위해서만 필요한 것이 아닙니다. 기본을 준수하는 분위기가 깨어지면, 생산현장의 표준준수도 잘 되지 않고, 이러한 것이 쌓이면 기술 축적도 되지 않고, 현장관리 체계가 무너질 수도 있습니다.

**Q** 4. 그 다음에는 어떠한 것이 있을까요?

**A** 4. 예, 셋째로는 앞 부분에서도 잠깐 언급하였습니다만, 종업원에 대한 생활관리라고 할 수 있겠지요. 이것은 종업원들의 회사 밖 생활에 대한 관리를 의미하는 것입니다. 그러나 실제로 종업원들의 사생활을 관리한다는 것은 무척 어려운 일이기도 하거니와 한국인의 정서에 잘 부합되지 않는 부분이기도 합니다. 그러나 회사 밖 생활의 고민이나 문제점을 가진 사원이 회사 안에서 중대사고를 일으키는 경우를 종종

겪고 있는 현실을 감안한다면, 할 수 없다고 포기하고 넘어갈 수 만도 없는 분야인 것입니다. 따라서 현장관리자라면 힘닿는 데까지 부하직원의 개인적인 고충까지도 파악하여 능동적으로 대처하려는 자세를 가지는 것이 중요합니다.

실제로 이러한 생활관리를 잘하고 있는 회사를 우리 주변에서 찾아볼 수 있는 것 또한 현실입니다.

**Q** 5. 네! 그렇군요. 네번째는 어떤 항목이 되겠습니까?

**A** 5. 넷째는 관리자의 솔선수범이라 할 수 있겠습니다.

앞에서도 잠깐 언급한 바 있습니다만, 현장관리자 스스로가 매사에 솔선수범하고 규칙을 지키며 성실한 자세를 견지한다면, 그것을 보는 근로자들도 무의식적으로 따라 해야겠다는 심리가 생기게 됩니다. 최소한 따라하지는 않더라도 그에 역행하려는 심리는 스스로 제동이 걸리게 되지요. 이는 비단 회사조직뿐만 아니라 사회 모든 조직에 공통된 것이라 할 수 있는 만큼, 관리자 스스로의 발전을 위해서도 반드시 지켜야할 것입니다

**Q** 6. 다섯번째 항목도 있습니까?

**A** 6. 예, 다섯째로는 관리자의 부단한 관심이라 할 것입니다. 앞에서와 같은 모든 것들이 잘 지켜져 왔다 할지라도 인간관

계란 수시로 변동을 일으킬 수 있습니다. 따라서 어제까지 문제가 없던 현장일지라도 오늘은 문제가 생길 수가 있습니다. 그러므로 관리자는 꾸준한 관심을 기울이면서 적절한 단합조치 등을 취하여 조직의 일치 단결을 유지해야 합니다. 단합을 위한 조치라면 찾아내기에 따라 무한히 개발될 수 있겠으나, 그동안 널리 활용되고 있는 예를 들어본다면 다음과 같은 것들을 들을 수 있습니다.

· 각 단위별, 그룹별 간담회
· 개인별 면담
· 가정 방문(집들이 등)
· 관혼상제 참석(결혼식, 문상 등)
· 체육대회
· 단합회식
· 야유회
· 각종 취미활동 동호회
· 설문 조사(종업원 만족도, 애로사항 등)

**Q** 7. 정리를 해 놓고 보니 평소 무심코 지나치던 일들이 참으로 중요한 의미를 지니고 있다는 것을 느끼겠군요! 그러면, 이번에는 안전관리에 대해서 듣고 싶습니다.

A 7. 예, 지금부터는 안전관리에 대해 짚어 보도록 하겠습니다.

안전관리 또한 노사관리 못지 않게 중요한 항목이라는 점은 설명이 필요 없을 것입니다. 우선, 흔히 현장에서 적용되고 있는 관리체계을 생각해 본다면, 다음과 같이 네 가지 단계로 구분하여 생각해 볼 수 있습니다.

① 설비 설치시의 예방조치
② 설비 운영시의 예방조치
③ 모의 훈련을 통한 피해 최소화
④ 재발 방지조치

첫째로 설비 설치시의 예방조치에 대하여 이야기 해 보겠습니다. 물론, 안전사고란 예측을 할 수 없는 여러 가지 상황중에서 발생합니다만, 중대사고는 대부분 기계설비에 연관되어 발생하게 됩니다. 따라서 설비 구매를 위한 사양 검토시부터 안전개념을 반드시 도입해서 검토해야 합니다. 예를 든다면, 고속회전하는 연마기의 경우에는 자칫하면 연마숫돌에 의한 사고가 발생할 수 있으므로, 반드시 연마숫돌의 회전부에는 안전 커버를 설치하게 한다든가 또는 안전 커버가 열리면 설비가 자동으로 interlock이 걸려서 멈추도록 설계한다든가 하는 것입니다. 그리고 설비 설치 및 시운전시에는 그러한 주문사양이 제대로 설치가 되고, 작동이 되는지를 확인해야 합니다. 한편, 시운전을 하다보면 미처 생각하지 못했던 불안전 요소가 새루이 발견되기도 합니다. 이러한 것은 전부 발췌하여 시운전시에 추가로 안전조치를 취한 후 생산작업자에게 인계해야 합니다.

**Q** 8. 네 그렇군요. 그러면 두번째로 설비 운영시의 예방조치는 어떻게 하는 것입니까?

**A** 8. 설비 운영시의 예방조치란 설치완료된 설비를 이용하여 생산활동을 하는 도중에 발생하는 안전사고의 예방에 관한 것입니다.

설비의 시운전이 끝나고 본격적인 생산활동에 들어가게 되면, 이 때에는 현장의 5M이 모두 함께 안전사고의 유발변수로서 작용하게 됩니다. 따라서 감독자는 생산활동중에 발생이 예상되는 불안요소를 반드시 신규작업자에게 미리 알려주고 교육과 실습을 시켜야 합니다. 그리고 교육이 끝난 후 그대로 방치하지 말고 2, 3차례에 걸쳐서 작업자의 행동에 새로운 불안 요소는 없는지를 관찰해야 합니다. 왜냐하면 작업자는 어느 정도 자기의 일에 익숙해지게 되면 자의적으로 행동하는 경우도 있고, 또 작업자의 신체조건에 따라 자기도 모르는 가운데 처음과 다르게 행동이 변해버리는 경우도 있기 때문입니다. 따라서 현장의 감독자(반장, 직장)

는 이러한 변화를 일정기간을 두고 2, 3차례에 걸쳐서 재확인하고 지도해 주어야 하는 것입니다.

또한 경미한 사고라 할지라도 일단 사고가 발생하면 심각하게 받아들이고 대처하는 자세가 필요합니다. 일반적으로 안전사고에는 '1:29:300:600'이라는 공식이 있는데, 이것은 '930건의 사고가 발생한다면, 그 중 600건은 무상해(아차사고), 300건은 경미사고, 29건은 경상해, 그리고 1건은 중상으로 이어진다.'는 것입니다. 따라서 아차사고나 경미사고를 방치하면 결국은 중대재해로 연결될 수 있다는 것을 명심해야 할 것입니다.

Q 9. 그렇게만 한다면, 어느 정도는 예방이 될 것도 같군요! 세 번째 '모의 훈련을 통한 피해 최소화'란 무엇을 뜻하는 것입니까?

A 9. 공장에서 일어날 수 있는 재해 중에 화재와 같은 사고는 대형 재해이므로 평소에 예방을 철저히 하더라도, 사고발생에 대비한 대응책을 세밀하게 세워 두어야 합니다. 따라서 이러한 불의의 사고가 발생한 상황을 가정해 놓고, 실제의 상황처럼 처치요령을 반복 훈련하는 것이 좋습니다.

흔히, 우리가 한 달에 한 번씩 하는 민방공 훈련과 같은 개념이라고 할 수 있겠지요. 예를 든다면, 가스누출을 목격

한 순간에 밸브의 차단 단추를 재빠르게 누르는 훈련을 시킨다든지 하는 것입니다. 대개 비상 단추는 설비의 전면에 붉은 색으로 돌출되게끔 설치되어 있으므로 누구나 쉽게 누를 수 있다고 생각되겠지만 막상 사고가 나면 그렇지가 않은 것입니다. 소화기와 같은 경우도 그렇습니다. 반복적으로 훈련을 쌓아 놓지 않으면 평소에는 눈에 잘 뜨이던 소화기를 찾지 못해서 우왕좌왕하는 경우가 있다는 것을 유의해야 합니다.

**Q** 10. 그렇겠군요. 평소의 훈련으로 인해 큰 재해의 확산을 방지했다는 기사를 신문에서도 읽은 것 같습니다. 그럼 네번째 '재발방지'에 대해서도 이야기 해 주십시오.

**A** 10. 예, 재발방지란 말 그대로 다시는 똑같은 사고가 발생하지 않도록 여러 가지 조치를 취하는 것을 의미합니다. 물론 사고가 났던 곳에서는 누구나 재발 방지에 각별한 신경을 쓰고 그에 상응하는 조치를 하게 마련입니다. 그러나 중요한 것은 한 걸음 더 나아가서 유사한 사고가 다른 곳에서도 날 수 있다는 점을 유의해야 합니다. 일단 사고가 나면 사고의 내용을 전 공장에 알려서, 타 작업장에서도 유사한 불안요소가 없는지를 확인하고, 있다면 사전에 적절한 조치를 취하여, 동일한 사고가 발생하지 못하도록 예방해야

합니다.

이상과 같이 안전관리활동의 개요를 말씀드렸습니다만, 이것 역시 관리자가 관심을 가지고 꾸준히 점검해 나가지 않으면 언제 새로운 불안요소가 등장할 지 모르므로 항상 주의를 기우려야 합니다.

이를 위한 방편으로 현장에서는 다음과 같은 것을 수행하는 것이 좋습니다.

① 주기적인 안전 순찰을 한다.
② 불안요소 발굴을 위한 설문조사를 한다.
③ 설비조작 금지 스티커를 활용한다.
④ 설비일상 점검표를 활용한다.

**Q** 11. 이번에는 직무교육(OJT)에 대해서 들어 볼 차례이군요. 그런데 앞의 노사관리 부분에서 말씀하셨던, 신입사원으로서 지녀야 할 심성교육에 대하여서는 그 취지는 충분히 이해가 갑니다만, 직무교육이란 따로 할 필요가 없이 일을 해 나가면서 스스로 터득하도록 하면 되는 것이 아닌지요?

**A** 11. 예, 장기적으로 보면 그 말씀이 맞습니다.

한 10년쯤 된 직장인의 입장에서 본다면 자연스럽게 그렇게 생각이 될 것입니다. 우리 나라 산업발전의 초창기인 1970년대에만 해도 누구나 대부분 그렇게 생각하여 왔었던 것도 사실이고요. 그렇지만 엄밀히 이야기 한다면 고객만족의 입장에서나, 종업원의 발전과 회사의 발전을 위해서도 체계적인 직무교육은 꼭 있어야 합니다.

**Q** 12. 그러면 직무교육이란 '무엇을' 교육해야 하는 것입니까?

**A** 12. 예, 그 대답은 간단합니다. 말 그대로 피교육자가 앞으로 실무에서 담당할 업무를 교육하는 것입니다. 그런데 그 내용을 크게 구분해 본다면 두 가지가 있습니다.

첫째는 신입사원 또는 변경배치된 사원이 새 업무에 배치되기 전에 기본적인 업무수행 능력을 갖추도록 교육을 하는 것이 필요합니다. 다시 말하면, 신입사원을 우선 생산라인에 배치시켜 놓고 '네가 알아서 일을 해 가면서 스스로 배워라.'식이 아니고, '김군의 임무는 이 제품을 불량을 내지않고, 정해진 속도로, 안전하게 만드는 것이므로, 그런 능력을 갖출 때까지는 현업을 맡길 수가 없다. 그러니 하루 빨리 노력해서 능력을 배양하도록 해야 한다.'라는 식의 사고방식인 것입니다. 그리고 실제로라인에 배치했을 때도, 이렇게 교육받은 신입사원이라야 최소한의 생산속도나마 유지할 수 있는 것입니다.

이러한 교육기간을 얼마나 해야 하는 가는 회사의 생산종류, 작업내용 등 여러 가지를 고려해 결정해야 하는 것인데, 이 교육기간을 인건비를 낭비하는 것으로 여겨 불충분하게 설정할 경우, 장기적으로는 회사에 손실이 된다는 점을 꼭 명심할 필요가 있습니다. 고객이 '신입사원이 만들었기 때문에 이 정도의 불량품은 기꺼이 써 주겠다.'고 할 리는 절대 없는 것이니까요.

둘째는 수준을 한 단계 향상시키는 것입니다.

앞에서와 같은 기초 교육을 받고 라인에 배치된 사람은 그야말로 군대로 치면 자대에 배치된 신병과도 같은 상황입니다. 따라서 많은 숙달의 과정을 거쳐 능력을 어느 정도 쌓아서 자기 담당 공정의 개선도 할 수 있게 되어야 하고, 공정중의 Trouble shooting과 후배 지도까지도 담당할 수 있도록 발전되어야 하는 것입니다.

이렇게 되어야만 종업원의 발전과 회사의 발전이 동시에 이루어 질 수 있습니다. 따라서 막연히 '스스로 배워라.'고 하지 말고 직무별로 단위직무를 분석하여 하나하나의 직무에 대해 교육 계획을 수립하고, 지도자와 평가자를 선정하여 한 사람 한 사람의 수준이 얼마나 향상되고 있는지를 항상 관심있게 지켜보아야 합니다. 이런 수준향상은 앞의 다기능화 항목에서도 언급하였듯이, 공장관리의 여러 측면에서 고려해 보더라도 반드시 시행해야 할 부분입니다.

**Q** 13. 그렇다면 이러한 직무교육은 생산라인의 근로자뿐만 아니라 기술직군에 근무하는 사원들에게도 필요하겠군요!

**A** 13. 예! 잘 보셨습니다. 직무교육이란 직군의 구분없이 모두에게 다 필요한 것입니다. 그렇게까지 깊이 이해를 하셨으니 앞으로 후배사원들을 잘 이끌어 주시기를 부탁드립니다.

**Q** 14. 예, 잘 알겠습니다. 다음은 무엇을 고려해야 합니까?

**A** 14. 그 다음은 회사의 보안관리입니다. 이것은 국내는 물론 국제간 기업전쟁의 소용돌이 속에서 점점 더 중요해지고 있는 부분입니다. 애써서 개발해 놓은 신기술이나, 오랜 세월의 시행착오를 겪으면서 체득한 기업의 Know-How, 밤을 세워가면서 고안한 상품 디자인 등, 기업의 비밀을 도난당할 경우, 상대 경쟁사에게는 좋은 무기가 될 수 있는 것입니다. 더구나 이제는 우리 나라의 기술도 국제적인 수준으로 발전을 거듭하여, 국제 산업스파이의 좋은 목표가 되고 있습니다. 따라서 기업의 존립을 위태롭게 할 수도 있는 기업비밀의 누출을 차단하기 위해, 공장 관리자는 관심을 소홀히 해서는 안됩니다. 항상 문서의 수발관리, 통신 수단 관리는 물론, 최근에는 PC통신에 의한 유출이 점차 늘고 있는 추세이므로 이에 대한 관리에도 주의를 기울여야 합니다.

이외에 외국인 근로자 또는 외국인 고문, 기술자 등에 의한 유출사례에도 있으므로 각별히 신경을 써야 할 것입니다. 이러한 각 분야에 대한 구체적인 보안 수단은 전문 컨설턴트 업체들의 협조를 받는 것이 좋겠으나, 업체의 사정이 여의치 않을 경우에는 아쉬운 대로 군대시절의 보안관리에 대한 기억을 되살려 적용해 보는 것도 한 방법이 될 것입니다.

**Q** 15. 이제 끝으로 환경문제가 남아있군요.

**A** 15. 예, 그렇군요. 환경문제는 그 중요성이 점점 강조될 부분으로 생각됩니다. 기업의 생산활동 자체가 인간의 생활을 편리하게 하고, 인간 생활향상을 위한 것이라는 점을 생각할 때 환경문제야말로 궁극적으로 기업활동에서 추구해야 할 분야가 될 것입니다. '법규로서 규제하고 있는 분야이기 때문에 할 수 없이 한다.'는 것보다 한 차원 높은 사고를 가지고 대응을 해야 한다고 생각됩니다.

우리 나라 산업체는 제품의 성능과 품질을 높이고, 생산성을 향상시키며 고객의 요구에 부합하는 제품을 생산하여 경쟁력을 높이고자 노력하고 있지만, 제품이 환경에 미치는 부담을 줄이는 것에 대해서는 노력을 크게 기울이지 않고 있는 것이 현실입니다. 그러나 1994년 국제무역 및 환경위원회 설치와 1995년 Green Round 탄생 그리고 유럽을 중심으로 한 ISO 14000 시리즈 획득 요구 등이 새로운 무역장벽이 되고 있습니다. 수출 확대를 위해 그리고 삶의 질을 높이기 위해 기업은 환경친화생산을 추진해 나가야 합니다.

**Q** 16. 그런데 환경친화생산이란 것이 무엇인가요?

**A** 16. 환경친화생산이란 용어가 다소 생소할 것입니다.

환경친화생산(Environmental Conscious Manufacturing)은 자원

의 낭비와 유해물질의 생산을 최소화하고 폐기량을 줄이기 위한 제조공장의 모든 활동을 의미합니다. 이를 수행하기 위하여 개발 단계부터 환경에 대한 부담을 줄이는 것을 고려하여 제품을 설계하고, 생산공정을 설계하며, 생산활동을 통제하고 나아가 생산된 제품의 재활용 및 재사용을 적극적으로 추진하는 것입니다. 즉 4R을 고려하여 중점적으로 관리하는 것이지요. 4R이란 절감(Reduce), 재생산(Remanufacture), 재사용(Reuse), 그리고 재활용(Recycle)을 의미합니다. 우리 나라도 최근 자동차, 가전제품, 포장재 생산분야를 중심으로 환경친화생산에 대해 관심을 갖고 실행하기 시작했습니다. 이와 같이 제품이 환경에 미치는 영향을 고려하여 생산하는 공장을 일명 환경친화공장(Ecofactory)이라고 합니다.

**Q** 17. 예, 긴 시간 많은 말씀을 해 주셔서 감사합니다. 정말 수고하셨습니다. 이제 공장관리에 대해 전체적인 감각은 생긴 것 같은데, 구체적인 현장의 응용기법에 대한 이야기가 부족한 느낌이군요!

**A** 17. 예, 좋은 지적입니다. 실제 우리가 현장에서 적절한 QCD를 지키면서 생산활동을 하는 데에는 많은 시류양식과 활동기법(예를 들면, QC 7가지 기법, My machine운동, 100 ppm 운

동, 새벽시장의 운영, Line Stop제 실시, 5중 체크제, 품질실명제, 불량신고제, 제안제도 등)이 필요합니다.

그러나, 이러한 모든 기법들을 전부 열거해 설명할 수도 없을 뿐더러 그러한 기법들은 비록 알고 있다 하더라도 그대로 다른 기업에 이용할 수는 없습니다. 왜냐하면 그러한 기법들은 모두 그 기업의 독특한 환경에서 생겨난 것이기 때문입니다. 이러한 것을 환경이 다른 현장에 그대로 옮겨서는 효과를 볼 수도 없고 오히려 혼란만 초래할 수도 있습니다. 따라서, 우리는 현장관리에 관한 기본 사상을 잘 갖추고, 공장에 맞는 현장운영 기법을 스스로 창조해 내야 합니다. 전 세계적으로 유명한 일본 도요다 자동차의 '간판에 의한 생산 방식'이 좋은 예가 될 것입니다.

이와 같이 우리 공장에 맞는 것을, 우리가 찾아, 우리 현장관리자들과 같이 공장 개선을 위해 추진해야 합니다. 현장관리라는 것은 궁극적으로 본다면 결국은 '그 현장에 몸담고 있는 사람들에 대한 마음 관리'입니다. 이제부터 모든 현장구성원이 한마음이 되어 여러분만의 독특하고 혁신적인 관리방식을 만들어 나가기를 기대합니다.

## 저자소개

### 명일환

한양대학교 공과대학 금속공학과 졸업
현대자동차 품질관리부
만도기계 품질관리부, 생산부 및 생산기술부
현재 삼성자동차 품질관리부 부장

### 박영현

한양대학교 공과대학 금속공학과 졸업
미국 Mississippi State Univ. 산업공학과 석사
미국 Auburn Univ. 산업공학과 박사
한국 국방연구원 선임연구원
미국 New Mexico State Univ. 경영학과 부교수(종신교수)
현재 강남대학교 산업공학과 교수
　　중소기업청 국립기술품질원 전문위원
　　대한 산업공학회 이사
　　대한품질경영학회 국제위원장
저서(논문)　국내외 학회지 및 학술지 50여 편 게재
　　KSA-QA, QS9000 통계적 기법 전문과정, 이명주 공저, 1995
　　통계적 품질관리, 박성현 공저, 민영사, 1995
　　통계적 공정관리, 박성현, 이명주 공저, 민영사, 1997

현장 실천 사례를 중심으로 한

**공 장 관 리 이 야 기**

지은이 / 명일환·박영현

펴낸이 / 김동현

펴낸곳 / 민영사

펴낸날 / 1999년 4월 20일 초판 1쇄
/ 2015년 11월 20일 3쇄

주　소 / 서울시 성동구 독서당로 39길 43 1층

전　화 / (02)711-1224·~225

F A X / (02)711-1226

메　일 / myspub@hanmail.net

홈페이지 / http://www.minyoungsa.com

등　록 / 2014년 1월 1일 제2014-000001호

ISBN / 979-11-86378-04-5 03320

값 10,000 원

▹ 잘못된 책은 바꾸어 드립니다.